苏东坡词传

此心安处是吾乡

精装畅销典藏版

苏凌 著

时事出版社
·北京·

图书在版编目(CIP)数据

苏东坡词传:此心安处是吾乡 / 苏凌著.—北京:
时事出版社,2019.5(2025.4 重印)

ISBN 978-7-5195-0291-1

Ⅰ.①苏… Ⅱ.①苏… Ⅲ.①苏轼(1036-1101)-传记
Ⅳ.① K825.6

中国版本图书馆 CIP 数据核字(2019)第041207号

出 版 发 行:时事出版社
地　　　址:北京市海淀区彰化路 138 号西荣阁 B 座 G2 层
邮　　　编:100097
发 行 热 线:(010)88869831　88869832
传　　　真:(010)88869875
电 子 邮 箱:shishichubanshe@sina.com
印　　　刷:河北省三河市天润建兴印务有限公司

开本:880×1230　1/32　印张:8　字数:156 千字
2019 年 5 月第 1 版　2025 年 4 月第 3 次印刷
定价:40.00 元
(如有印装质量问题,请与本社发行部联系调换)

序言

在《苏东坡传》的序言中，作者林语堂说："苏东坡是个秉性难改的乐天派，是悲天悯人的道德家，是黎民百姓的好朋友，是散文作家，是新派的画家，是伟大的书法家，是酿酒的实验者，是工程师，是假道学的反对派，是瑜伽术的修炼者，是佛教徒，是士大夫，是皇帝的秘书，是饮酒成瘾者，是心肠慈悲的法官，是政治上的坚持己见者，是月下的漫步者，是诗人，是生性诙谐爱开玩笑的人。可是这些也许还不足以勾绘出苏东坡的全貌。我若说一提到苏东坡，在中国总会引起人亲切敬佩的微笑，也许这话最能概括苏东坡的一切了。苏东坡的人品，具有一个多才多艺的天才的深厚、广博、诙谐，有高度的智力，有天真烂漫的赤子之心——正如耶稣所说具有蟒蛇的智慧，兼有鸽子的温柔敦厚，在苏东坡这些方面，其他诗人是不能望其项背的。"

也许没有人能比林语堂概括得更为精准和深刻了。从出生到离世，苏东坡的一生充满了坎坷。他的降临是苏家极大的欢喜，他的天才是苏家永远的荣光。"奋厉有当世志"，读书眉山中，“学通经史，属文日数千言”，京城赶考，高中进士，一举成名，“一门父子三词客”。苏轼的名字越来越闪亮。然而生活并非一帆风顺，看似顺风顺水，却痛失慈母和爱侣。仕途并非坦途，即使有着满怀为民的忠悬，有着反对新法的勇气，等待他的却是苦涩的贬谪和流放。即使想要随遇而安也不可得，“文字毁谤君相”，陷入“乌台诗案”而锒铛入狱。在这种螺旋的痛苦中，风雨洗净了他的眼。

一个孤独的人，带着骄傲倔强的灵魂，远离京城，远走他乡。从黄州到汝州，从杭州到定州，从贬谪岭南到再贬海南，他的心淡定得犹如一片落叶。在曲折和唏嘘中，他的气度和人格脱离了平庸，走向璀璨。正如钱穆说的那样：“苏东坡诗之伟大，因他一辈子没有在政治上得意过。他一生奔走潦倒，波澜曲折都在诗里见。”黄州、惠州和琼州，简直是苏轼涅槃的仙境。“大江东去，浪淘尽，千古风流人物。故垒西边，人道是，三国周郎赤壁。乱石穿空，惊涛拍岸，卷起千堆雪。江山如画，一时多少豪杰。遥想公瑾当年，小乔初嫁了，雄姿英发。羽扇纶巾，谈笑间，樯橹灰飞烟灭。故国神游，多情应笑我，早生华发。人生如梦，一尊还酹江月。”

有灵魂的情感从来都不是单一的，除了那种豪情，苏轼也有很多无言的惆怅。“明月几时有？把酒问青天。不知天上宫阙，今夕是何年。我欲乘风归去，又恐琼楼玉宇，高处不胜寒。起舞弄清影，何似在人间？转朱阁，低绮户，照无眠。不应有恨，何事长向别时圆？人有悲欢离合，月有阴晴圆缺，此事古难全。但愿人长久，千里共婵娟。”豪情也好，惆怅也罢，在历史的淘沙中，苏轼依旧是闪闪发亮的金子，真金永恒。

纵观其一生，我们看到的既是光芒万丈，也是心酸如星。“人皆养子望聪明，我被聪明误一生。惟愿孩儿愚且鲁，无灾无难到公卿。”这首《洗儿诗》不正道出了苏东坡内心的真实和荒凉？

目录 CONTENTS

第一章 眉州苏家的小英才

“一门三杰，器识文章……父子兄弟，风雨共名山。”这是“三苏祠”匾额中的字句。无疑，苏轼是其中最闪亮的那颗星。

第一节

灵秀喜诞生

先君昔未仕，杜门皇祐初。
道德无贫贱，风采照乡闾。
何尝疏小人，小人自阔疏。
出门无所诣，老史在郊墟。
门前万竿竹，堂上四库书。
高树红消梨，小池白芙蕖。
常呼赤脚婢，雨中撷园蔬。

——《答任师中家汉公》（节选）

北宋仁宗景祐三年十二月十九日，公元 1036 年 1 月 8 日，历史记住了这个不寻常的日子。因为在这一天有一个传奇人物诞生了，他注定要经过坎坷的命运，经历人生的生与死，也注定要蜚声文坛，名耀千古。

传说，就在这一天之前的不久，四川省眉山县附近原本郁郁葱葱的彭老山突然出现了草木凋零的现象，直到六十年后才重放光彩，恢复蓬勃生机。这究竟是怎么回事？事情要从眉山小城纱谷行苏家的那个刚诞生的男婴说起。

男婴诞生于眉山苏家，这是一个家境富裕的书香门第。若干年后，这个男婴在诗歌中这样描述自己的家境："道德无贫贱，风采照乡闾"、"门前万竿竹，堂上四库书"，书香盈室，清雅不俗。他在诗中尊称的"先君"，即苏家的一家之主苏洵。

这一年，苏洵已经27岁了，27岁的苏洵是一个不折不扣的浪荡子，尽管出身书香门第，智力超群，但他个性独特，游手好闲，至今仍然一事无成。眼看着自己的两个哥哥、大舅子和两位姐夫都已通过考试赢取了功名并在外做了官，苏洵却不以为意。

可以说，苏洵的青少年时代过得有点像李白，他看重的是任侠与游历，对于埋首经书实在是产生不了兴趣。由于父亲健在，没有养家之累，苏洵的日子过得十分潇洒、快意。

苏洵的妻子程夫人出身于当地的名门望族，知书达理，十分贤惠，对于丈夫的所作所为，她很少抱怨，而是多次鼓励他。刚怀孕时，她曾梦见一个浓眉大眼的和尚前来托梦，有人说这预示着腹中孩儿的不凡。随着"哇"的一声，孩子睁着大大的眼睛懵懂地来到了这个世界上。他的到来让母亲笑逐颜开，也让父亲长吁了一口气。

这是苏家的第二个男孩。遗憾的是，苏家的长子还没长大便夭折了，这个孩子理所当然地成了苏家的长子。而作为父亲，苏洵对这个长子寄予了很高的希望，为他专门雇了一个奶妈，名叫采莲。

三年后，程夫人又生了一个儿子。这两个孩子一个聪明外向，性格活泼，锋芒毕露；一个沉默内向，稳重内敛。苏洵觉察出了两个孩子的不同，他为外向的长子取名为“轼”，字子瞻；为内向的次子取名为“辙”，字子由。他还在一篇名为《名二子说》的文章中介绍为两个儿子取名的由来，他语重心长地感叹道：“古代车子的车轮、车辐木、车盖、车轸木都有各自的功能，只有车轼（车前的横木）好像没有什么用处。但如果去掉横木，那就不是一辆完整的车了。轼啊，我担心的是你不会掩饰自己的外表。天下的车没有不从车辙（车轮行过时留下的痕迹）上碾过的，而谈到车的功劳，车辙从来都不在其中。不过当遇到车翻马死的灾难时，祸患也从来波及不到车辙。车辙是善于处在祸福之间的。辙啊，我知道你是可以免于灾祸的。”

或许是苏轼的出生激起了父亲苏洵内心深处的责任感和未曾泯灭的理想和抱负，从这一年起，他竟然深悔自己浪费年少时的大好时光，开始闭门不出，折节读书，一家老小都十分惊讶。他发愤读书的故事后来被编入《三字经》，成为妇孺皆知的励志故事。

苏轼出生时，他的祖父苏序还健在。苏序嗜好美酒，性格豪放不羁，常与朋友携酒出游，喝得酩酊大醉才回来。他对这个长孙十分疼爱，而苏轼也恰恰继承了祖父性格中豪放的一面，并以此形成自己的风格，开创了文学史上豪放的一派。

然而，此时此刻，苏家人无论如何也想象不到这个小男孩无比绚丽的未来，也无法预计到他坎坷崎岖的一生，他们只是祈求上苍保佑孩子能够健康平安。

但是当地人却不这么看。他们认为，眉山县附近的彭老山突然草木凋零，正是因为这个小男孩的诞生，他带走了这里的钟灵毓秀之气，直到六十多年后，苏轼在江苏常州去世，这些山川的钟灵毓秀之气才重新回来，彭老山的草木这才重放光彩。

这些富有传奇色彩的传说，给苏轼的出生抹上了一层神秘的气息。出现在世人脑海中的苏轼，也仿佛飘然若仙，显得有些神秘。但事实上，苏轼的出生地蜀中（今四川省中部）确实是个人杰地灵的好地方，司马相如、陈子昂、李白等人都是在这里诞生的；大诗人杜甫在四川生活了八年之久，留下了无数辉煌的诗篇；初唐四杰、白居易等人也都有过在四川生活的经历。

到苏轼出生的年代，已经有很多蜀地士人越过蜀道，来到当时朝廷的政治中心，“相继登于朝，以文章功业闻于天下”，蜀中崇尚读书的风气也日益浓厚。这些深厚的文化底蕴熏陶着少年的苏东坡，蜀中的美景与美食让他甘之若饴，他曾经这样深情地吟唱过这片美丽的土地：

吾家蜀江上，江水绿如蓝。——《东湖》

岂如吾蜀富冬蔬，霜叶露牙寒更茁。——《春菜》

……

有人曾说："天下诗人皆入蜀"，那么苏轼无疑是有宋一代整个蜀中升起的最璀璨的一颗明星。他站在蜀中无数诗人、文人的肩膀上成长，集山川、河流的灵秀之气于一身。

第二节
戏玩得砚宝

昔我先君子，仁孝行於家。
家有五亩园，么凤集桐花。
是时乌与鹊，巢鷇可俯拏。
忆我与诸儿，饲食观群呀。
里人惊瑞异，野老笑而嗟。

——《异鹊》（节选）

当人们离开童年之后，童年留给我们的往往只剩下甜蜜和美好，而曾经的哭闹与责骂却往往不再存于记忆中。苏轼也是如此，在那个没有电脑、没有摩天轮的时代，他的童年充满了野趣，充满了与自然天人合一的纯真与亲切。

作为一位著述颇丰的诗人，人们可以幸运地从他留下的诗句中寻觅他曾经的快乐的童年时光。在他日后的诗文中，很多地方都在描写这些无忧无虑的时光，如“我昔少年日，种松满东冈”（《戏作种松》）、“我时与子皆儿童，狂走从人觅梨栗。健如黄犊不可恃，隙过白驹那暇惜”（《送表弟程六知楚州》）、“我昔在田间，但知羊与牛。川平牛背稳，如驾百斛舟。舟行无人岸自移，我卧读书牛不知”（《书晁说之〈考牧图〉后》）等句子，成为苏轼童年时代乡居生活的真实写照。

7 岁那年，刚刚接受启蒙教育的苏轼便和小伙伴们一起，邂逅了一位颇有传奇经历的朱姓老尼姑。原来，这位老尼姑年轻的时候曾跟随师傅到五代后蜀主孟昶的宫中做法事，对后蜀的宫廷旧事颇为熟悉。苏轼和小伙伴们好奇地缠着老尼姑讲故事，老尼姑便将自己亲眼看到的孟昶和他的宠妃花蕊夫人在摩诃池边闲坐乘凉、吟诗作词的情景绘声绘色地讲给他们听。

尽管几十年过去了，但是老尼姑的记性非常好，依然能背诵当晚偷听来的诗篇。这些充满美好情感的诗篇以及那些有着岁月沧桑的陈年往事深深地打动了苏轼，直到四十年后，他依然记得老尼姑背诵的一首词的开篇：“冰肌玉骨，自清凉无汗。水殿风来暗香满。”

随着弟弟苏辙慢慢长大，少年苏轼也多了一个形影不离的玩伴。苏辙曾回忆说，兄弟俩年少时，常常一同出去游玩，而自己也成为哥哥的跟屁虫。苏轼胆子大，常常跋山涉水，探险寻幽，每次都跑在弟弟的前面。有些地方过于险要，以兄弟俩小小的个子根本无法通过，苏辙倒觉得没什么，苏轼则会大感遗憾，回来后往往懊悔不已。他还常常趁着家人不注意，一个人前去探险，“逍遥接泉石之上，撷林卉，拾涧实，酌水而饮之，见者以为仙也”。

有一天，苏轼和弟弟苏辙出去游玩，经过一个乡村院落时，他们发现一家破败的墙壁上题着两行诗句：“夜凉疑有雨，院静似无僧。”

当时，兄弟二人似懂非懂地吟咏了很久，对诗中的意境也颇有些感悟。他们不知道这首诗究竟是谁所写，但对于诗中那种寂寞、凄清的意境却仿佛若有所悟。多年后，当苏轼贬谪黄州时，他曾夜宿黄州禅智寺。当时寺中僧人都不在，满院寂寥。他辗转反侧，一直不能入睡，直到夜半时分，忽有细雨敲竹，发出淅淅沥沥的声音。此情此景使苏轼忽然想起年少时读过的那两句诗来，他题了这么两句：“知是何人旧诗句，已应知我此时情。”

此外，苏轼的母亲程夫人笃信佛教，心地善良，对世间万物皆存爱心。苏家的园林也成为她广施仁爱的地方。这里绿荫满地，杂草繁花，鸟雀栖息。程夫人十分爱护它们，严禁家人捕杀鸟儿，她还常常带着苏轼兄弟来到园中，给那些饥饿的鸟儿喂食，聆听鸟儿的欢唱。这一场景，苏轼一直记忆犹新，他在《异鹊》一诗中用非常生动的笔墨将其描绘了出来。

12 岁那年，喜欢游历名山大川的父亲苏洵曾给苏轼兄弟讲述过一次有趣的旅途见闻。当时苏洵从江西回来，兴致勃勃地告诉儿子，在江西赣州附近的山上有一座天竺寺，寺里还保存着白居易一首亲笔题写的诗：

一山门作两山门，两寺原从一寺分。
东涧水流西涧水，南山云起北山云。
前台花发后台见，上界钟声下界闻。
遥想吾师行道处，天香桂子落纷纷。

这首诗新奇飘逸，让苏轼大为称赞。在父亲的影响下，他也酷爱寻幽览胜，尤其对文人古迹情有独钟。

也就是在这一年，苏轼与伙伴们“凿地为戏”，得到了一块珍贵的石头，这块石头“如鱼，肤温莹作浅碧色。表里皆细银星，扣之铿然。试以为砚，甚发墨”。苏轼将石头拿回家后，父亲苏洵认为这是文字之祥，他料到苏轼的一生将与文字结下不解之缘。于是，他称此石为天砚，并亲自刻了一个木匣盛放，让苏轼好好保存。这方石砚成为苏轼读书、做人甚至后来走出四川的忠实伴侣。

第三节

读书眉山中

夜梦嬉戏童子如，父师检责惊走书。

计功当毕春秋余，今乃泪及桓庄初。

坦然悸悟心不舒，起坐有如挂钩鱼。

——《夜梦》（节选）

这首诗写于苏轼60岁时，一个60岁的老人做了一个关于童年时期的梦。他的梦里有严厉的父亲和贪玩的自己：父亲苏洵在出门前布置了一份作业，即读完《春秋左氏传》，但小苏轼调皮贪玩，等到父亲快回来的时候，他读了还不到1/3，由于担心被责罚，他的心中忐忑不安，浑身上下就像挂在鱼钩上的鱼一样不舒服。

这个梦真实地记录了苏轼在少年时代所受到的严厉教育。苏轼的父亲苏洵到了27岁才发愤读书，一生在仕途上都郁郁不得志。为了不让两个儿子步自己的后尘，他对儿子的管教极其严厉。苏轼兄弟终日苦学不辍，饱读群书，广泛涉猎先秦诸子百家学说、历史典籍、各朝诗文等，在人生最美好的时光里积累了丰富的知识。

6岁时，苏轼与苏辙在父亲的带领下来到眉州天庆观拜道士张易简为师。张易简颇有名气，对学生要求十分严格。他为苏轼开设的科目主要是学习六经和诸子百家，以儒家经典为主。在具体的学习过程中，张易简不仅要求学生必须弄懂文章的要义，而且要求每个学生都能背诵这些篇章。为了加强记忆，苏轼使用了反复抄写的方法，具体做法则是“初则一段事钞三字为题；次则两字；今则一字”，这种反复抄写的方法一直持续到苏轼晚年。他谪居黄州的时候还有“三抄《汉书》”的经历，让朋友无比佩服。

反复的抄写，使苏轼对书中内容非常熟悉，在抄书的同时还可以练习书法。苏轼成为学生中记忆力和领悟力较为突出的一个，他博闻强识，深得老师的赏识。

苏轼七八岁时，正值宋仁宗启用范仲淹等人锐意改革弊政之时，朝中有人写了一篇《庆历圣德颂》，歌颂朝廷的“庆历新政”。当时苏轼正在乡校读书，有人从京城带了这首诗回来给乡校的老师们读。苏轼在旁边看到，便心中好奇，不免踮着脚不停地张望，还朗诵着诗中的句子，向老师询问诗句的意义。老师不耐烦地说：“你一个小小孩儿，打听这些干什么？”

苏轼回答道："难道他们是天上的神仙吗？如果他们跟我是一样的人，我为什么就不能打听他们所做的事情呢？"

老师听苏轼语出不凡，便耐心地将庆历新政的核心人物一一讲给苏轼听，并告诉他，韩琦、范仲淹、富弼、欧阳修这四人是时代的豪杰。苏轼尽管不能完全理解这些人的所作所为，但却将这些名字牢牢地记在了心中，尤其对于欧阳修的诗文，他更是仔细研读，一个字都不肯放过。后来，当他的父亲让他仿效欧阳修的诗歌《谢宣诏赴学士院，仍谢赐对衣、金带及马表》试作一篇，他写得非常成功，并得到了父亲的称赞。

8 岁到 10 岁的时候，苏轼的父亲进京赶考落第。为了排遣心中烦闷，他来到江淮一带游历。苏轼兄弟俩则离开私塾，他们的教育全部由母亲程夫人负责。程夫人是个大家闺秀，对孩子的管教颇有自己的一套方法。她亲自教孩子们读《后汉书》，并将书中大义一点一点地讲给儿子们听。每当谈到古今成败事，苏轼都能领悟其中的要义。

有一天，程夫人给苏轼讲解《范滂传》。范滂是东汉时期一名清廉而正直的官吏，因得罪了奸宦，遭到党锢之祸，从而下狱致死。临死前，他对自己的母亲说："死了灾祸就可以平息了，怎么敢因为我的罪名连累您，又使得我的老母流离他乡呢？"没想到他的母亲回答说："你现在可以和李膺、杜密齐名了，死了又有什么遗憾呢？一个人已经有了美好的名声，还要追求长寿，怎么可能有这么两全其美的好事呢？”母子同心，范滂的母亲也因此成就了儿子的美名。

苏轼听母亲讲完这个故事后，颇有感触。他对母亲说：“母亲，如果我要做一个范滂这样的人，您会同意吗？”程夫人立刻严肃地回答说：“你可以做范滂，难道我就不能做范滂的母亲吗？”母子两人心灵相通，教学相长，母亲的启发和教育也因此影响了苏轼的一生。

由于天资聪颖，又受到良好的启发与教育，苏轼很小就有了神童的美名。在一片赞誉声中，他也难免有些自傲，自认为博览群书，无人能比。有一次，苏轼写了一副对联挂在门上：“识遍天下字，读尽人间书。”

这副对联刚被苏轼挂上去，就被一位老者看到了。老者认为这个孩子口气狂妄，不自量力，有心要为难一下他。于是，他特意拿了一本书来到苏府，口称自己才疏学浅，特来向苏公子请教。老人将书递给苏轼，苏轼得意扬扬地接过书，打开一看，顿时傻眼了：原来书中的字自己一个也不认识，他羞得满脸通红，低着头一句话也不说。

过了一会儿，他只好将实话告诉了老人，老人哈哈大笑地说：“你不是自称‘识遍天下字，读尽人间书’吗？怎么连这本书也不认得呢？”

苏轼羞愧难当，老人走后，他立刻提笔来到门前，将对联改成了：“发奋识遍天下字，立志读尽人间书。”这副对联就这样激励着苏轼勤奋学习、苦读成才。

除了读书作文，苏轼对琴棋书画也非常感兴趣，他自称“幼而好书，老而不倦”，对绘画则是到了“轻死生而重画”的地步。此外，他在眉山读书的少年时光里，闭门书斋只是他生活的一个方面，乡间美丽的风景与自然的野趣也充实了他的成长空间。年少的苏轼或与小伙伴们捕鸟嬉戏，或与兄弟们登高游水，或独自静坐在田野间，感受那种天地开阔、与自然融为一体的快乐。

到 20 岁的时候，苏轼已经精通经传历史，“属文日数千言，好贾谊、陆贽书”，他喜欢《庄子》的文章，还颇有自己的一番见解。眉山的读书经历为苏轼一生的文名、诗名打下了坚实的基础，这个年方弱冠的少年正雄心勃勃地面对着自己的未来。不久后，他将走出四川，走向全国。

第二章

少年苏轼的情与爱

“……墙里秋千墙外道。墙外行人，墙里佳人笑。笑渐不闻声渐悄，多情却被无情恼。”动人的春景，诱人的情愫，永存在心中的那年少的爱恨情仇。

第一节
苏小姐的泪水

似花还似非花，也无人惜从教坠。抛家傍路，思量却是，无情有思。萦损柔肠，困酣娇眼，欲开还闭。梦随风万里，寻郎去处，又还被莺呼起。

不恨此花飞尽，恨西园，落红难缀。晓来雨过，遗踪何在？一池萍碎。春色三分，二分尘土，一分流水。细看来，不是杨花，点点是离人泪。

——《水龙吟·次韵章质夫杨花词》

至情至性之人对生命的感悟，往往比一般人要深刻得多。苏轼在这首词中描写了杨花飘落、随风轻舞的画面，仿佛让人感受到自然的灵性在张扬，即使无人怜惜，又何妨？“春色三分，二分尘土，一分流水。细看来，不是杨花，点点是离人泪。”对于即将逝去的生命，他于温情脉脉中又饱含着伤感之情。是啊，杨花虽美，终将随着春色的离去而凋零，就仿佛一位如花似玉的少女，在命运的摧残下最终油枯灯尽，芳华无处可寻，让人无限伤感惋惜。

苏轼的身边就有这样一位红颜命薄的少女，他就是苏轼的姐姐八娘。她是苏家的长女，比苏轼大一岁，也是苏家唯一的女儿。

关于八娘的容貌长相，可供参考的资料不多，有人说她花容月貌，长相俊美，出落得如同出水芙蓉一般，或许这只是后人出于对一个薄命女子应有的怜惜而附会的，可信度不高。但苏轼的这位亲姐姐天资聪明，才华出众，性格贤淑温柔。作为姐姐，她经常无微不至地关心苏轼和苏辙兄弟俩，无论是在学习上还是在生活上，兄弟俩都能感受到来自姐姐的关怀和爱护。

在苏轼的诗文中，与姐姐一同出游的记录几乎没有。大概那个时候的闺阁少女，很少在外游玩，大都闲居闺中，跟随家中女眷学习女工针线，没有外出调皮的机会。但当兄弟俩在家学习功课时，姐姐却时时陪在身边，与他们一起谈今论古、研习诗文。有时候，这个才学出众的姐姐还经常提出一些深奥的问题让两个弟弟回答，以激发他俩的思维能力。

有一次，八娘为了启发两个弟弟的思路，在纸上写下两句诗“轻风细柳，淡月梅花”，并提问道：“如果要在这两句诗中各加一个字作腰（指加在一句诗的中间），那么，加什么字最好呢？”

苏轼到底大几岁，又才思敏捷，略加思索之后便回答说：“前句中加个‘摇’字，后句中加个‘映’字，便成了一句诗：‘轻风摇细柳，淡月映梅花。’”八娘听了，觉得弟弟加得不错，心中暗暗高兴，但为了激发弟弟的才学，她故意说：“还不够好，你是不是再推敲一下？”苏轼听了，又思索了片刻说：“姐姐，那我另外加两个字，改成‘轻风舞细柳，淡月隐梅花’，你看如何？”苏轼本来满含信心，以为可以得到姐姐的表扬，没想到八娘听后又摇头说：“不行，还不够好啊！”

苏辙站在一旁，看到哥哥两次都没有回答好，原本想好的词语也不敢说出口了。八娘见两个弟弟眼巴巴地望着自己，便含笑着说道：“你们看，如果改成‘轻风扶细柳，淡月失梅花’不是更好些吗？”兄弟二人纷纷低头品味着姐姐改的诗句，的确，加上一个“扶”字，不仅形象生动，而且还采用了拟人化的手法，连风也有人性了；一个“失”字，则更显诗情画意。兄弟俩都心服口服地点了点头。

然而，这位娴熟聪慧的姐姐并没有陪伴苏轼兄弟太长的时间。就在苏轼 15 岁那年，八娘嫁给了东坡舅舅家的一位表兄程之才，当时八娘 16 岁。可以说，八娘与这位表兄根本没有什么情谊，她一点也不喜欢这门亲事。然而对于古代的女子来说，“父母之命，媒妁之言”就是悬在命运之上的一把利剑，她不得不委曲求全地接受了父母给自己安排的这个婚姻，在 16 岁的花季将自己的未来交给了一个陌生的、甚至从未见过的男子。

婚后的生活自然不尽如人意。八娘嫁到程家以后，公婆一直不喜欢她，而且经常虐待她。丈夫程之才也根本谈不上温柔体贴，对她经常不管不顾。第二年，八娘产下一子，但由于产后失调，她因此身患重病。对于卧病在床的八娘，程家人不管不顾，根本不给她治病。苏洵夫妻只好将女儿接回家中，请医诊治，乳母采莲更是时时陪在八娘的身边。但病情刚刚好转，她的公婆却前来兴师问罪，责备八娘不尽媳妇孝道，同时抢去她的孩子，对八娘依旧不管不顾。

程家人的所作所为让八娘伤心不已，她终日以泪洗面，最终旧病复发，卧床不起。就在苏轼 17 岁那年，八娘嫁到程家两年后，她最终含恨而死。

这件事情让苏洵大为不满，苏家与程家的关系也开始恶化。苏洵不仅与程家绝交，而且还不让儿子与姐夫来往。此后，苏轼兄弟便遵循父亲的意愿，四十多年与程之才没有任何交情，但他们与其他表兄弟相处得却很好。

在此事中，最为难过的人是苏轼的母亲程夫人，她一方面为失去爱女而难过，一方面又为夫家和娘家的矛盾而备受煎熬。这个受过良好教育的女子不可能完全将事理置之度外而一味地帮助娘家，但这其中的重重矛盾却让她的身体一天比一天衰弱。

第二节
少年率性逃离

天与化工知，赐得衣裳总是绯。每向华堂深深见，怜伊，两个心肠一片儿。自小便相随，绮席筵不暂离。苦恨人人分拆破，东西，怎得成双似旧时？

——《南乡子·双荔枝》

这首词表面上是写一堆“自小便相随”的荔枝“苦恨人人分拆破”的经历，实际上是以荔枝喻人，描写一对情深意切的小情侣被人活活拆散的事实。对于这种“两个心肠一片儿”的纯真爱情，诗人将其展现得无比纯真、美好，即便是被人拆散，依旧念念不忘“成双似旧时”。

爱情是一个人成长的标志，少年苏轼眼睁睁地看着姐姐被无爱的婚姻逼迫致死，心中对爱情的憧憬便似乎比普通人更强烈也更深刻些，这在他的爱情诗词中或许可以窥见一二。比起苏轼那些抒发人生豪情、生命感悟的豪放词来说，他的爱情诗词往往是通过婉约的方式来展现的。苏轼的婉约词，其实完全可以与婉约派词人柳永、李清照的词作相媲美。

苏轼少年时曾经有过一段逃婚的经历，虽然属于个人隐私，很少为人所知，但我们依然可以从那些流传下来的诗文中看出端倪。

苏轼曾在《与刘宜翁使君书》中这样自述："轼龆龀好道，本不欲婚宦，为父兄所强，一落世网，不能自逭。"

刘宜翁是个道士，自蹈于红尘之外，苏轼与他通信，将自己少年时代不想结婚、被父兄逼迫不得不逃婚的经历告诉了对方。

此外，在《与王庠书》中，苏轼又说道："轼少时本欲逃窜山林，父兄不许，迫以婚宦，故汩没至今。"

这两次叙述的要点基本相同，一是"逃窜山林"，二是父兄"迫以婚宦"，看来逃婚一事是确有其事。关于此事，南宋初年李如篪的《东园丛说》曾经有过这样的记载：

王子家言及苏公少年时，常夜读书，邻家豪右之女，尝窃听之。一夕来奔，苏公不纳，而约以登第后聘以为室。暨公及第，已别娶仕宦。岁久访问其所适何人，以守前言不嫁而死。其词有"幽人独往来，缥缈孤鸿影"之句，正谓斯人也。"拣尽寒枝不肯栖，枫落吴江（一作沙洲）冷”之句，谓此人不嫁而亡云也。

此文的意思是说，苏轼少年时代非常用功，经常读书到深夜。邻家有一位“豪右女”，常常在深更半夜偷听苏轼读书。“豪右女”对苏轼日久生情，竟然有一天晚上跑到苏轼的书房，要求与他私奔。苏轼不肯，与“豪右女”约定等有朝一日考中功名，再与她缔结连理。但苏轼功成名就之后并没有娶这位女子。后来托人探寻该女子消息，原来这位女子信守诺言，不肯出嫁，竟然老死闺中了。

关于此文的真伪，后人众说纷纭。然而，经学者们考证，苏轼在结婚之前确实有过一段婚约，这位女子不是别人，而是邻郡雅州的太守雷简夫的女儿。

当时，苏轼的父亲苏洵与雷简夫交情甚好，雷简夫曾经写信给宰相韩琦、张方平等权臣推荐苏洵，同时还向欧阳修这位文坛泰斗推荐苏洵的文章。两人相处甚是融洽。

有一天，苏洵带着两个儿子前去拜望雷简夫，雷简夫一眼就看上了苏轼这个才学出众、浓眉大眼的小伙子，把他当成自己的最佳女婿人选。当时，雷简夫有一个女儿年仅十五岁，与苏轼年纪相仿，一个是眉山望族，一个是名门之后，堪称绝配。雷简夫高兴之余，便跟苏洵谈起了这桩婚事。

这是好事，苏洵当然满口应承。回家后，苏洵将此事告诉苏轼，没想到苏轼早就听说过，雷简夫的父亲雷孝先曾经犯了乱伦之罪，雷简夫因此没能参加科考，并且他早年在长安时劣迹斑斑，还有过贪污受贿的经历……得知这些事情后，苏轼无论如何也不肯答应这门婚事。对他来说，姐姐的不幸婚姻带给他的阴云还没有散去，渴望中的爱情还没有到来，他怎么会去接受这样一个不清不白的家庭的女儿呢？执拗的苏轼要起了性子，坚决不从。

为了让儿子开口同意，苏洵想尽各种办法，但苏轼就是坚决违抗父命不从。见父亲执意相逼，苏轼干脆留下一封书信，说自己迷恋道术，希望能够一心修炼，就卷起包袱上山修道去了！

苏轼的逃婚让苏洵又急又气，一开始他的态度非常强硬，命令子侄非要将苏轼从山上拉回来不可。但后来在程夫人的劝说下，他的怒气渐渐散去，尤其是想到爱女八娘的惨死，他的态度便慢慢地转变过来，他突然意识到自己的做法有些不妥，便委婉地回绝了雷家，同时派人将苏轼找了回来，再也不用婚事逼迫他了。

也有人说，苏轼当时并没有直接拒绝雷简夫，而是约定等他考中功名后再娶妻。但后来，苏轼很快就与王弗成亲，夫妻举案齐眉。雷氏女苦等了一生，却没有等来自己的姻缘。多年以后，苏轼还特意寻访过雷氏女，发现此女果真终生未嫁，苦苦地等着苏轼，耽误了青春，也耽误了一生。这也就是李如篪《东园丛说》中所写故事的由来。

雷简夫虽然没有实现让苏轼成为自己爱婿的心愿，但他对苏轼的喜爱却延续了一生。后来，雷简夫遭贬至死，本应安葬在祖籍陕西郃阳，或者隐居的终南山，但他却将自己的墓地选在了苏轼少年时代曾经读过书、题过字的连鳌山下，同时留下遗嘱，非让苏洵给他写墓志铭不可。

对于这位理想中的"爱婿"，雷简夫一直默默地关心着。这是一种怎样的情愫？或许后人难以理解。只有苏洵在《雷简夫墓铭》中感叹道："呜呼太简，不显祖考。不有不承，隐居南山。德积声施，为取于人。不献不求，既获不用。有功不多，孔铭孔悲。"

第三节
“唤鱼池”成双璧

寸恨谁云短，绵绵岂易裁。半年眉绿未曾开。明月好风闲处、是人猜。

春雨消残冻，温风到冷灰。尊前一曲为谁哉？留取曲终一拍、待君来。

——《南歌子·感旧》

这是苏轼爱情词中颇具婉约词风的一首，词中少女年方16，巧笑倩兮，美目盼兮。但不知是什么忧伤的事情，让她愁眉不展达半年之久呢？是心爱之人远游他乡？是意中人另有新欢？还是一腔情意得不到父母的首肯？

词中少女姓王名弗，是四川眉州青神人，年轻貌美，知书达礼。而她之所以愁眉不展，是因为她与心上人情投意合，却暂时得不到父母首肯。

青神位于岷江之滨，这里风景优美，山木葱翠，是个出美人的好地方。《蜀中名胜记》记载："县之名胜，在乎三岩。三岩者，上岩、中岩、下岩也。今惟称中岩焉。"苏轼与王弗的爱情，就与青神中岩结下了不解之缘。

当时，青神中岩有座书院，由青神乡贡进士王方在此执教，名气很大。苏洵经过好友的介绍，也将两个儿子送到这里读书，

当时的苏轼，刚刚经历过逃婚事件。虽然赢得了最后的胜利，但这件事情对他的影响还是很大的。由于受到一些道人、隐士的影响，少年苏轼显得有些早熟，他喜欢阅读诗书，对于道家隐逸山林、追求自由的做法很是向往。也就是从这个时候起，他还养成了留意医药、搜集良方的嗜好，而且坚定了"不欲婚宦"的决心，信誓旦旦要当道人。

苏轼的道人梦最终还是没有实现，因为王弗出现了。

王弗是中岩书院教习王方的女儿，王家一百年来"孝著闾里"，王弗从小便在"少相弟长，老相慈诲，肃雍无间"的环境中长大，是个知书达理、娴熟端方的女孩。我们可以从苏轼著名的悼亡词《江城子》中感受王弗少女时的美丽与羞怯，一句"小轩窗，正梳妆"就给人以无限美丽的遐想。

转眼间，王弗已经 16 岁了，已过了及笄之年，家中正在为她

物色夫婿。但这个心高气傲的女孩似乎谁也看不上，总是不乐意。其实，她的心中早就有意中人了。刚来不久的苏轼无疑在她的眼前展现了一个最瑰丽的少女梦，她的梦里有眉目炯炯的书生，有脉脉含情的纯真，也有难以启齿的羞涩……

中岩有一个天然鱼池，据说只要有人一拍手，鱼儿就会跳跃着游过来。有一天，王方心血来潮，想为这处美丽的风景命名，他邀请来远近的青年才子，让他们前来聚集，各自为这奇景命名。苏轼兄弟当然也在其中，他们不知道王方此次还有暗中择婿的意思。苏轼曾见过王家的女儿几面，但只留下一些淡淡的印象，少年壮志的他并未将这些儿女私情放在心上。

诸多青年才俊聚集在一池绿水前，纷纷提笔竞题，也是一件极为风雅之事，让人联想起《红楼梦》中“大观园试才题对额”的场景。然而，众人七嘴八舌地说了好多个名称，不是过雅，就是落俗，王方只是摇摇头，表示并不满意。这时，苏轼突然走过来，朗声说道：“弟子以为‘唤鱼池’三个字最妙，不知您觉得如何？”

话音刚落，王方连连称妙，一些青年也纷纷鼓起掌来，对苏轼心服口服。苏轼正得意之时，只见躲在花窗后的王家女儿王弗也指使丫鬟送了题名来。众人打开一看，只见花笺上赫然写着三个娟秀的字：“唤鱼池”。众人在惊叹之余不禁感叹：“不谋而合，韵成双璧。”两人不约而同地对出“唤鱼池”后，王方便在内心中把苏轼认作自己的女婿。但此事怎好对一个年未弱冠的孩子说起呢？王方决定让两个孩子多多接触，让他们自己去培养感情。

就这样，一段“自由恋爱”诞生了。

苏轼素来心高气傲，虽与王家女儿见过几面，却并没有将她放在心上，直到此时两人不谋而合题出“唤鱼池”后，苏轼才开始留意起这个美丽的女孩来。不久，他就发现了这个女孩身上有无数吸引自己的优点：活泼可人，未语先笑，知书识礼，才情不凡……更重要的是，王家女儿喜欢时常走出闺门，对外面世界的一切充满着憧憬与向往，大自然中的一草一木、一花一朵她都懂得珍惜与怜爱，这与苏轼珍重生命、热爱人生的性情极为相投，他感到王弗的身上有一种神秘的力量在吸引自己，并且正在慢慢敲开自己“不欲婚宦”的心扉！

苏轼开始主动去接触王弗。当时王弗16岁，苏轼19岁，正是情窦初开的年龄。情感的大门一旦被打开，他们就被初恋的美好拥抱了，苏轼彻底走出了对婚姻恐惧的阴影。他开始私下里与王弗见面，明月夜、松岗下，都是他们约会的好地方，到了最后，苏轼甚至一日见不到王弗便会心慌意乱。“春雨消残冻，温风到冷灰。尊前一曲为谁哉？留取曲终一拍，待君来”正是二人初恋生活的写照，一对情投意合的小情侣在初春的冻雨里相约，等待的时光显得漫长而无奈，但一想到意中人美妙的歌喉，等待的人儿便沉浸在初恋的美好中，忘记了世界的存在。

从初恋到赢得父母的同意，这对小情侣大概经过了半年的时间。从门第来看，王家是无法与眉州苏家相提并论的，因此当苏轼将自己与王弗的爱情告诉父母时，苏洵和妻子都沉默不语。焦急的苏轼立刻表示，自己今生若想结婚，非王弗不娶，以求获得父母的同意。

看着曾经一心想学道隐身山林的儿子在感情上有了这样 180 度的大转弯，又联想到自己女儿八娘包办婚姻的失败，苏洵松口了，他与妻子商议，通过明媒正娶的方式，用重金将这个儿子看中的小家碧玉娶回家中。

苏轼的婚礼究竟如何热闹，羞怯的新娘又是怎样来到苏轼家中的，这一切随着文献的缺失只能停留在小说家的想象之中了。但无论如何，这场婚礼是热闹而隆重的。对于眉州苏家的长子来说，这种“小乔初嫁了，雄姿英发，羽扇纶巾”的人生是无限美好的，究竟怎样美好，也只有个中人才能体会了。

16 岁的王弗作为新嫁娘来到苏家，其实只能算是个孩子，但她温柔贤淑，勤俭持家，孝敬公婆，为人处世极为周到，不久便赢得了苏家上上下下的称赞。温和慈爱的程夫人更是喜欢这个娇小贤惠的儿媳妇，婆媳二人相处得十分融洽。

在两人恋爱的时候，王弗并没有告诉苏轼自己擅长诗书，因为她性格沉静，不事张扬，在那个“女子无才便是德”的时代，作为进士之女的王弗显得十分谦虚。然而，在婚后的生活里，每当苏轼读书的时候，她常常站在旁边，终日陪伴不曾离去，这让苏轼十分好奇。有一天，苏轼读书有遗忘的地方，王弗竟然站在一旁提醒他。苏轼好奇之下，便故意考了考王弗书中的问题，没想到这些问题她都能答上来，这让苏轼不禁刮目相看。

有时候，苏轼与来访的客人交谈的时候，王弗还常常站在屏风之后倾听谈话。客人告辞后，她便会告诉苏轼她对某人性情为人的总结和看法。这些看法和总结无不言中，让苏轼十分惊奇，到此时他才明白，原来自己娶的这位小家碧玉是个不折不扣的才女啊。

第三章

名利场的小试牛刀

孤馆灯青，共客长安的少年，笔头千字，胸中万卷，优游卒岁，且斗尊前。名利场的繁华犹如云烟，有志者却追求那繁华中永恒的璀璨，天地万物尽在脚下。

第一节
出川赴京

我家江水初发源，宦游直送江入海。闻道潮头一丈高，天寒尚有沙痕在。中泠南畔石盘陀，古来出没随波涛。试登绝顶望乡国，江南江北青山多。羁愁畏晚寻归楫，山僧苦留看落日。微风万顷靴纹细，断霞半空鱼尾赤。是时江月初生魄，二更月落天深黑。江心似有炬火明，飞焰照山栖鸟惊。怅然归卧心莫识，非鬼非人竟何物？江山如此不归山，江神见怪警我顽。我谢江神岂得已，有田不归如江水。

——《游金山寺》

不曾远游的人一般是不会感受到故乡的美好的，通常只有离乡的人才会思念故乡，想念家乡的一草一木，想念故园中的父老乡亲，想念儿时嬉戏过的堂前树下……大多数的人，会在怀乡的那一刻泪流满面，感慨不已。

苏轼人生中的第一次远游是在 1056 年，21 岁的苏轼告别母亲、妻子，与父亲苏洵、弟弟苏辙一同前往京城汴梁，参加礼部秋试。

这个时候的苏轼是体会不到离愁的，尽管家中的母亲、妻子和乳母都在泪眼婆娑中表示着不舍与期望，但苏轼的心早已飞到了蜀道之外那个无比灿烂的世界，他憧憬着有一天能够功成名就，让整个世界为这个少年英才大吃一惊。

父子三人在家人的不舍中离开家乡眉山，选择陆路出川，径直北上。由于蜀道难，自古凶险，苏氏父子第一次出川，慎重地选了秦汉以来巴蜀通往关中的这条战略要道。苏轼父子之所以这样选择，有三个原因：一是因为这条蜀道古已有之，相对而言，驿站方便；二是因为苏轼的伯父苏涣曾经在阆中担任过“通判”和“领州事”，父子三人此行正好顺道前去造访；三是作为当朝名门望族的“陈氏三状元”（即陈尧叟、陈尧佐、陈尧咨），此时已声名远播，他们的家乡位于四川南充市新井县大桥镇，作为蜀中读书人又怎能不慕名前往，亲临故迹，凭吊励志呢？

经过蜀道时，苏轼不由自主地想起了李白《蜀道难》中的句子：“噫吁戏，危乎高哉！蜀道之难，难于上青天！蚕丛及鱼凫，开国何茫然。尔来四万八千岁，不与秦塞通人烟。西当太白有鸟道，可以横绝峨眉巅。地崩山摧壮士死，然后天梯石栈相钩连。上有六龙回日之高标，下有冲波逆折之回川。黄鹤之飞尚不得过，猿猱欲度愁攀援。青泥何盘盘，百步九折萦岩峦。扪参历井仰胁息，以手抚膺坐长叹。问君西游何时还，畏途巉岩不可攀。但见悲鸟号古木，雄飞雌从绕林间。又闻子规啼夜月，愁空山。蜀道之难，难于上青天！……”

然而，对于李白诗中“锦城虽云乐，不如早还家。蜀道之难，难于上青天！侧身西望长咨嗟”的感慨，苏轼却并不认同。在他看来，蜀道虽难，但有志者定能攀越，而越过蜀道的人，一定能在这个时代开辟一个新的天地。

经过两天时间，苏轼父子到达了益州（今四川成都）。稍作休息之后，苏洵立刻安排兄弟俩前去拜见西川节度使张安道。此人是苏洵的老熟人，苏洵从前多方游历时，与其交情不浅。张安道早就听说过苏轼兄弟的才学，当他得知兄弟两人要进京参加朝廷秋试时，心中非常高兴，立刻在家中接见了这父子三人。

张安道见苏轼兄弟彬彬有礼，又生得浓眉大眼，相貌不俗，连忙称赞“后生可畏”。在苏洵的请求下，张安道当时就磨墨铺纸，给在朝中的旧友欧阳修等人写了几封荐书，为兄弟二人铺平道路。

荐书写好后，张安道将其交给苏轼父子。但等这父子三人离开后，他又陷入了沉思之中，后悔自己写得太过鲁莽，还没有试过兄弟两人的真才实学，怎么可以就这样贸然写推荐信呢？万一苏轼兄弟徒有其表，腹中空空，岂不是要败坏自己的名声吗？尽管自己曾经见到兄弟俩去年写的“正统三论”，文章确也有贾谊、陆贽之风，可是焉知这两篇文章不是旁人代笔呢？思来想去，张安道决定第二天邀请父子三人到家中聚会，亲自出题试验一番。

第二天，苏轼父子如约而至。寒暄之后，张安道便给兄弟二人出了六道题，让二人依题作文。张安道进士出身，颇有才学，所出的题目自然比较深奥。年纪较大的苏轼读书较多，一看便能心领神会，年纪较小的苏辙便觉得有些疑惑不解，脸上露出为难之色。

苏轼正在答题，突然抬头一看，只见弟弟手指一道题，望着自己，脸上露出愁容。苏轼心领神会，知道弟弟碰上难题了，他有心帮弟弟一把。但是当着张安道的面怎么好作弊呢？他突然急中生智，也不说话，故意拿毛笔杆倒敲桌子，做出正在思索的样子。聪明的苏辙一下子就明白了哥哥的意思：毛笔不是用竹管做的吗？这道题一定出自《管子》！苏辙非常高兴，立刻低下头写了起来。

可过了不久，又有一道题目令苏辙有些不解了，他只好再次用询问的眼神望着哥哥。苏轼趁张安道不注意，用笔在空中向自己勾了一下，苏辙当场就明白了：这是一个自撰的题目。他连忙整理思路，按照自己的想法开始答题。

交卷后，张安道仔细审阅了兄弟二人的文章，终于确定兄弟二人并非庸才。他高兴地对苏洵说："恭喜老先生，您的这两位令郎都是可塑之才呀！哥哥精明敏捷，必然一举成名；弟弟谨慎缄默，定成栋梁之材！"苏洵听后，心中虽然高兴，但并没有表露出来，而是谦虚地表示感谢。

离开成都后，父子三人来到了阆中。阆中是蜀地的交通要道，是著名的风景古城，历史悠久，曾被人称为“阆苑仙境”。来过这里的文人墨客很多，唐代著名诗人杜甫就曾两次赴阆中，为阆中独特的山水风光写下不少诗文，阆中也成为杜甫一生留下诗文最多的地方。此外，宋一代的文同、李献卿、司马光等人都先后到过阆中，并留下宝贵的诗、词、书、文和一些传奇佳话。

文同还在他的作品中说：“古时入蜀到成都，避剑阁之险者，往往自朝天驿舍陆觅舟至阆中，复舍舟而陆，西行通达，谓南路。”而此时苏轼父子走的正是这一条路。

由于当时苏轼的伯父苏涣在阆中为官，所以三人在阆中有过一段时间的停留。兄弟子侄相聚一堂，对于年轻人来说不算什么，但对于年纪较大的人来说，无论出于兄弟情，还是叔侄情，能够在异地他乡见到自己的亲人，这让他们激动不已。

不过，在风景优美、文人墨客题诗最多的阆中，苏轼兄弟并没有留下诗篇，这让后人觉得难以理解。但事实上，苏轼兄弟在此地应该不会没有诗作，而是由于后人搜集并整理苏轼、苏辙兄弟留传后世的诗作均起始于嘉祐四年，即 1059 年，此前的作品没有收录，也不知去向。

虽然苏轼兄弟关于阆中的诗作流传甚少但不等于他们没有留下佳作。苏辙就曾经有一首《寄题蒲传正学士阆中藏书阁》，展现出他对阆中记忆的真实描绘：

朱栏碧瓦照山隈，竹简牙签次第开。

读破文章随意得，学成富贵逼身来。

诗书教子真田宅，金玉传家定粪灰。

更把遗编观得失，君家旧物岂须猜。

（按：蒲宗孟，字传正，阆州新井人，进士出身，曾官任翰林学士，《宋史》有传。）

拜别伯父后，苏轼父子过阆中，翻米仓山，出褒钭谷，发横渠镇，入凤翔驿，途次长安，出潼关，过渑池，最终于同年五月抵达东京汴梁（今河南开封）。兄弟二人根本来不及领略京城的旖旎风光，便在父亲的督促下投入到了紧张的复习备考之中。

由于北宋时期的三级阶梯科举模式为“发解试（后称乡试）——省试——殿试”的模式，而苏轼、苏辙还没有在家乡经过乡试，所以他们必须在先参加举人考试。

八月，苏轼与苏辙顺利地通过了开封府举行的乡试考试。按照宋朝的规定，接下来他们还要经过中央礼部（负责礼仪、祭享、贡举等事）的考试和皇帝的“殿试”。所以，兄弟俩根本不敢松懈，继续闭门攻读。

时间过得很快，第二年（1057 年）正月，由礼部主持的省试便正式开始了。

第二节

《刑赏忠厚之至论》

春未老，风细柳斜斜。试上超然台上看，半壕春水一城花。烟雨暗千家。

寒食后，酒醒却咨嗟。休对故人思故国，且将新火试新茶。诗酒趁年华。

——《望江南·超然台作》

这是苏轼在密州时的作品。所谓“超然台”，对于苏轼来说别有一番滋味。就像词中所展现的意境一样，虽然暮春时节有万千愁绪和万种无奈，但酒醒后一切都变得豁然开朗，人生的浮沉辗转、喜怒哀乐，在胸怀博大、荣辱不惊的诗人面前变得那么平常，只要趁着年华还未老去，就可以在诗酒的快意中度过一生。

这是历尽人生悲欢离合后的苏轼所发出的人生感叹。然而，对于少年时候的苏轼来说，一切还太过遥远，他还没有享受人生的成功，还没有来得及细细品味功成名就、天下闻名后的滋味。

不过，很快这个生命的制高点就将来临。而登上这个制高点，苏轼凭借的是一篇《刑赏忠厚之至论》：

尧、舜、禹、汤、文、武、成、康之际，何其爱民之深，忧民之切，而待天下以君子长者之道也。有一善，从而赏之，又从而咏歌嗟叹之，所以乐其始而勉其终。有一不善，从而罚之，又从而哀矜惩创之，所以弃其旧而开其新。故其吁俞之声，欢忻惨戚，见于虞、夏、商、周之书。成、康既没，穆王立，而周道始衰，然犹命其臣吕侯，而告之以祥刑。其言忧而不伤，威而不怒，慈爱而能断，恻然有哀怜无辜之心，故孔子犹有取焉。

《传》曰："赏疑从与，所以广恩也；罚疑从去，所以慎刑也。"当尧之时，皋陶为士。将杀人，皋陶曰"杀之"三，尧曰"宥之"三。故天下畏皋陶执法之坚，而乐尧用刑之宽。四岳曰"鲧可用"，尧曰"不可，鲧方命圮族"，既而曰"试之"。何尧之不听皋陶之杀人，而从四岳之用鲧也？然则圣人之意，盖亦可见矣。

《书》曰："罪疑惟轻，功疑惟重。与其杀不辜，宁失不经。"呜呼，尽之矣。可以赏，可以无赏，赏之过乎仁；可以罚，可以无罚，罚之过乎义。过乎仁，不失为君子；过乎义，则流而入于忍人。故仁可过也，义不可过也。古者赏不以爵禄，刑不以刀锯。

赏之以爵禄，是赏之道行于爵禄之所加，而不行于爵禄之所不加也。刑之以刀锯，是刑之威施于刀锯之所及，而不施于刀锯之所不及也。先王知天下之善不胜赏，而爵禄不足以劝也；知天下之恶不胜刑，而刀锯不足以裁也。是故疑则举而归之于仁，以君子长者之道待天下，使天下相率而归于君子长者之道。故曰：忠厚之至也。

《诗》曰：“君子如祉，乱庶遄已。君子如怒，乱庶遄沮。”夫君子之已乱，岂有异术哉？时其喜怒，而无失乎仁而已矣。《春秋》之义，立法贵严，而责人贵宽。因其褒贬之义，以制赏罚，亦忠厚之至也。

这是苏轼比较著名的政论文，也是苏轼21岁考中进士的试卷文字。习惯于白话文的后人或许很难从这些晦涩难懂的文字中感受到苏轼的才华横溢，但在当时，苏轼却凭借这一篇文章，征服了几乎所有的考官。

《刑赏忠厚之至论》的题目出自《尚书·大禹谟》伪孔安国的注文：“刑疑付轻，赏疑从众，忠厚之至。”意思是刑法有疑问，应当从轻；赏赐有疑问，应该从众，这就算忠厚的极致了。作为那个时候的读书人，一看就明白，主考官出这个题目，无非是希望考生在文章中议论儒家施仁政、行王道、推崇尧舜周孔等做法。要想写出新意，还得在紧扣题目、谋篇布局以及引用古代圣经贤传与论据紧密结合等方面下功夫。如果能够做到文笔酣畅，说理透辟，那么是能够引起考官的注意，写出一篇成功的文章的。

苏轼一拿到题目后，立即胸有成竹。他用六百余字，通过引用大量的典故，阐述了以仁治国的理想，提出为政者应该“以君子长者之道待天下”，同时应该做到赏罚分明、立法严而责人宽；而且无论赏罚，都应该本着“爱民之深、忧民之切”的仁厚之心，从而使整个天下达到“相率而归于君子长者之道”的境界，这样才能达到忠厚之至。

苏轼洋洋洒洒地写完这篇文章之后，大概没有想过自己会因此而名满天下，也没有想到这篇文章会成为传诵千古的名文，他胸有成竹地走出了考场。不久之后，这篇文章就到了阅卷老师梅圣俞的手中。

梅圣俞是北宋著名诗人，赐同进士出身，授国子监直讲，官至尚书都官员外郎，经主考官欧阳修推荐，担任此次科考的阅卷老师。梅圣俞读完此文后，十分惊喜，感慨叹息良久，大呼此文有“孟轲之风”。孟子乃读书人眼中仅次于孔子的大儒，将苏轼的文章比作孟子之文，可见梅圣俞对苏轼文章的评价之高，他决定将这篇文章推荐给欧阳修。

欧阳修是当时文坛的领军人物，北宋诗文革新运动的领导者。他一口气读完此文后，觉得这篇文章一洗五代宋初以来的浮靡艰涩之风，引古喻今，说理透彻而精辟，既阐发了传统的儒家仁爱思想，又不乏作者本人独到的思考和见解，笔力稳健，质朴自然，仿佛出自大家之手，让人击节叹服。因此，当梅圣俞询问欧阳修此文如何时，欧阳修想都没想地回答道：“此文当评第一。”

梅圣俞正准备按照欧阳修的意思让此文名列榜首，突然只见欧阳修拦住他道：“且慢。”梅圣俞回过头来，见欧阳修徐徐地问道：“天下能作此文者，有几人也?”梅圣俞一惊，低头想了想，欧阳修的门生曾巩才华出众，下笔不凡，此文一定是曾巩所写。当他将自己的看法说出来时，欧阳修也十分肯定地表示，此文一定是曾巩所作。作为主考官的老师将自己门生的文章定为当朝第一，此事是不是妥当呢？欧阳修陷入了沉思之中。

按照当时的考试规则，为了防止考生徇私舞弊，在考生交卷完毕、试卷收齐之后，先由办事人员一一登记在册，将所有答卷重抄一遍，然后再呈交考试官评阅。这些重抄之后的试卷，既没有原作者的笔迹，也略去了考生的姓名，徇私舞弊之人也就没有空子可钻了。而考试官在考生出场之前就已早早地进入试院，与外界隔绝，直到阅卷完毕才能出来。

因此，欧阳修既看不出曾巩的笔迹，也无法知道这篇文章的真实作者是谁。但按照他的推测，此文为曾巩所作肯定是错不了的，如果将自己的学生定为第一名，自己这个主考官肯定会落得徇私舞弊的名声。为了避嫌，他决定将此文降为第二，而将另一篇不错的文章定为第一。

放榜后，欧阳修才发现此文的作者并非曾巩，而是四川眉山人苏轼，年仅21岁，遗憾之余又不禁赞叹着说道：“真是一位人才，他以后一定会大有出息!”

礼部复试的时候，苏轼在回答《春秋》的问题时获得了第一名，大获欧阳修等人的赏识。复试时，梅圣俞和欧阳修还问过苏轼一个问题，并因此而留下了一段佳话。

在《刑赏忠厚之至论》中有这样一段话："当尧之时，皋陶为士。将杀人，皋陶曰'杀之'三，尧曰'宥之'三。故天下畏皋陶执法之坚，而乐尧用刑之宽。四岳曰'鲧可用'，尧曰'不可，鲧方命圮族'，既而曰'试之'。"欧阳修与梅圣俞都是当时的大儒，但他们想了半天，又找了很久的经书，始终不知道这段话的出处在哪里。梅圣俞甚至惭愧地说："此郎必有所据，更恨吾辈不能记耳。"意思是苏轼引用这段话一定有出处，只是恨自己才疏学浅，不记得这个出处罢了。

复试时，欧阳修与梅圣俞特意记得就此事询问苏轼。两个学富五车的长者向年方弱冠的青年学子请教，可见欧、梅两人是何等谦虚和不耻下问。只是没想到苏轼潇洒地笑着回答说："何须出处，想当然耳！"意思是没有出处，是我自己杜撰出来的。欧、梅等人一听，顿时讶然良久。

后来有人考证，这段佳话是后人杜撰的。实际上，苏轼所引的这一段典故出自《礼记·文王世子》，讲的是周公的事例，但苏轼一时记错，写成了皋陶。以梅圣俞、欧阳修等人的才学，不可能不知道这个典故，但他们将苏轼当成后生，也没有太在意苏轼当时犯的这个小错误了。

第三节

苏轼父子名天下

云海相望寄此身，那因远适更沾巾。不辞驿骑凌风雪，要使天骄识凤麟。沙漠回看清禁月，湖山应梦武林春。单于若问君家世，莫道中朝第一人。

——《送子由使契丹》

《旧唐书·李揆传》有这样一段故事，唐肃宗曾经称赞开元末年的进士李揆“门第、人物、文学皆当世第一”。后来到了德宗的时候，已经升任礼部尚书的李揆担任会盟使，出使吐蕃。当地的酋长问他：“我听说你们大唐有个御赐的第一人李揆，是不是就是您呢？”李揆担心吐蕃人扣留他，便骗他说：“那李揆怎么肯前来这蛮荒之地呢？”

同样，对于已经功成名就、诗文传遍契丹，且拥有较高声望的苏轼兄弟来说，弟弟苏辙出使契丹，与当年李揆的经历何其相似。

但是苏轼却不无担心地叮咛道，如果对方询问你的家世，你千万不要对单于以“中朝第一人”自居啊，小心被人扣留在国外。

的确，对于经历过科考的苏轼兄弟来说，他们二十岁出头便“一举成名天下知”，少年才俊，引得天下无数人羡慕，自称为“中朝第一人”并不为过。

嘉祐二年（1057年）三月，苏轼与弟弟苏辙以及所有礼部考试合格者正式参加殿试。这次考试由仁宗皇帝亲临崇政殿主持策问。在这场考试中，苏轼兄弟同科进士及第。当时同榜的第一名状元是来自建安的章衡，与苏轼同榜的进士还有曾巩、章敦、张璪、张师道、邓文约等。

在这场考试中，才华横溢、容貌不俗的苏氏兄弟给仁宗皇帝留下了非常深刻的印象，他对二人十分赏识。殿试结束后，他还兴冲冲地回到皇宫对皇后说了这样一句话：“我今天为子孙得了两个太平宰相啊！”

苏轼是幸运的，他这匹千里马终于遇上了能赏识自己的伯乐。在那个时代，能够像苏氏兄弟这样年轻有为、一帆风顺的幸运者实在太少了。对于苏轼来说，他应该感谢的伯乐是欧阳修。此次考试过后，由于欧阳修的赏识，苏轼理所当然地成了欧阳修的门生。为了表达自己的感谢，他特意写了一封《谢欧阳内翰书》，对欧阳修的知遇之恩表达诚挚的谢意：

轼窃以天下之事，难于改为。自昔五代之余，文教衰落，风俗靡靡，日以涂地。圣上慨然太息，思有以澄其源，疏其流，明诏天下，晓谕厥旨。于是招来雄俊魁伟敦厚朴直之士，罢去浮巧轻媚丛错采绣之文，将以追两汉之余，而渐复三代之故。士大夫不深明天子之心，用意过当，求深者或至于迂，务奇者怪僻而不可读，余风未殄，新弊复作。大者镂之金石，以传久远；小者转相摹写，号称古文。纷纷肆行，莫之或禁。

盖唐之古文，自韩愈始。其后学韩而不至者为皇甫湜。学皇甫湜而不至者为孙樵。自樵以降，无足观矣。伏惟内翰执事，天之所付以收拾先王之遗文，天下之所待以觉悟学者。恭承王命，亲执文柄，意其必得天下之奇士以塞明诏。

轼也远方之鄙人，家居碌碌，无所称道，及来京师，久不知名，将治行西归，不意执事擢在第二。惟其素所蓄积，无以慰士大夫之心，是以群嘲而聚骂者，动满千百。亦惟恃有执事之知，与众君子之议论，故恬然不以动其心。犹幸御试不为有司之所排，使得搢笏跪起，谢恩于门下。

闻之古人，士无贤愚，惟其所遇。盖乐毅去燕，不复一战，而范蠡去越，亦终不能有所为。轼愿长在下风，与宾客之末，使其区区之心，长有所发。夫岂惟轼之幸，亦执事将有取一二焉。不宣。

这封信虽短，却是苏轼对北宋自建朝以来文学发展脉络的一个精确概括。苏轼认为，宋初文学因为受到五代“风俗靡靡，日以涂地”，日渐浮靡，很多仁人志士都希望能够正本清源，恢复先秦两汉时期的朴实文风，但是很多人往往矫枉过正。直到欧阳修主掌文坛，实行诗文革新运动，这种风气才得到真正的遏制。

此文堪称著名的文论，可谓是对北宋文坛极为精确的总结和评价，尽管信中不乏赞美欧阳修的词汇，但这种赞美却在情理之中，让人读来觉得合情合理，心服口服。

欧阳修读完此信后，赞不绝口，他曾经对梅圣俞说道：“读轼书，不觉汗出。快哉！快哉！老夫当避此人，放出一头地也。可喜！可喜！”同时他还预言道：“更三十年，无人道着我也！”意思是三十年后，没有人会再提起欧阳修的名字，因为以苏轼的才华，一定会超过欧阳修，成为北宋诗文革新运动的集大成者。

在上书表示感谢的同时，苏氏兄弟还在父亲苏洵的带领下，亲自来到欧阳修的府上拜谢。那时的欧阳修已经年老，颇有爱才之名，经常奖掖后进。当他看到一对青年才俊站在自己面前时，不仅看在眼里，更是爱在心里。尤其是苏氏兄弟彬彬有礼，说话极为得体，这让欧阳修觉得十分亲切。也就是从这时起，欧阳修与苏家结成了绵延几代的世家好友。作为欧阳修门生的苏氏兄弟，从此在恩师的带领下打开一片新的世界。

在欧阳修的引荐下，苏轼先后拜见了当时的宰相文彦博、富弼，枢密使（掌管军务的大臣）韩琦等。苏轼幼时曾经背诵过《庆历圣德颂》，对这些英杰仰慕已久；而这些朝廷重臣见到苏轼的时候，都纷纷对他以礼相待，大加赞许。苏轼父子一时间名满天下。

第四章 初涉生活的酸甜苦辣

“一年好景君须记，最是橙黄橘绿时”。在多彩的青春季节，你却要经受那么多的苦难，生的喜悦和悲哀，从来都是那么的醒目。

第一节
痛失慈母

山色横侵蘸晕霞，湘川风静吐寒花。远林屋散尚啼鸦。

梦到故园多少路，酒醒南望隔天涯。月明千里照平沙。

——《浣溪沙·山色横侵蘸晕霞》

与其说“梦到故园”，不如说是苏轼梦到了“慈母”，可惜的是，“酒醒南望隔天涯”，对母亲的思念，只能化作这明月下的深深叹息。如果母子心有灵犀的话，它一定会飞过千山万水，飞到那个山清水秀的眉州城，出现在母亲的梦中。

就在苏轼的仕途即将开始的时候，旅居京城的苏氏父子三人突然接到了来自家乡的噩耗：他的母亲程氏夫人已于当年四月初八病逝于家中，临终之时，她甚至不知道自己的一双儿子已经在京城高中进士。

已经是五月底，苏氏父子才听闻此噩耗，顿时悲痛欲绝。按照当时的规定，苏轼即使官为宰相，也须立即退隐，守丧两年三个月之后，才能官复原职。他们还没来得及与亲友们告别，便仓促地离开了京城，日夜兼程，赶回家中。历经千辛万苦回到家乡，只见家中“屋庐倒坏，篱落破漏，如逃亡人家”（苏洵《与欧阳内翰第三书》）。这一满目疮痍的景象，不禁让人回想起当年屋里屋外，书声笑语，其乐融融的情形，兄弟二人不禁悲从中来。

苏洵将夫人安葬在武阳安镇山下一处名叫“老翁泉”的地方，他在泉上筑了一座亭子，陪伴自己的夫人。关于“老翁泉”的由来，是因为当地人说，在月明之夜，可以看见一位白发老翁坐在这里。但一旦有人靠近，老翁就会消失在水中。苏洵在这里写了一篇《祭亡妻程氏文》以寄托哀思，他在文中写道：

呜呼！与子相好，相期百年。不知中道，弃我而先。我徂京师，不远当还。嗟子之去，曾不须臾。子去不返，我怀永哀。反复求思，意子复回。人亦有言，死生短长。苟皆不欲，尔避谁当？我独悲子，生逢百殃。有子六人，今谁在堂？唯轼与辙，仅存不亡。咻呴抚摩，既冠既昏。教以学问，畏其无闻。昼夜孜孜，孰知子勤？提携东去，出门迟迟。今往不捷，后何以归？

二子告我：母氏劳苦。今不汲汲，奈后将悔。大寒酷热，崎岖在外。亦既荐名，试于南宫。文字炜炜，叹惊群公。二子喜跃，我知母心。非官实好，要以文称。我今西归，有以藉口。故乡千里，期母寿考。归来空堂，哭不见人。伤心故物，感涕殷勤。嗟予老矣，四海一身。自子之逝，内失良朋。孤居终日，有过谁箴？昔予少年，游荡不学，子虽不言，耿耿不乐。我知子心，忧我泯没。感叹折节，以至今日。呜呼死矣，不可再得！安镇之乡，里名可龙，隶武阳县，在州北东。有蟠其丘，惟子之坟。凿为二室，期与子同。骨肉归土，魂无不之。我归旧庐，无不改移。魂兮未泯，不日来归。

相比苏洵的这篇悲伤的悼亡祭文，苏轼的散文《记先夫人不残鸟雀》，则将母亲的仁爱、慈悲展现得淋漓尽致：

少时所居书堂前，有竹柏杂花，丛生满庭，众鸟巢其上。武阳君恶杀生，儿童婢仆，皆不得捕取鸟雀。数年间，皆巢于低枝，其鷇可俯而窥也。又有桐花凤四五百，翔集其间，此鸟羽毛，至为珍异难见，而能驯扰，殊不畏人。闾里间见之，以为异事。此无他，不忮之诚，信于异类也。有野老言："鸟巢去人太远，则其子有蛇、鼠、狐狸、鸱鸢之忧，人既不杀，则自近人者欲免此患。"由是观之，异时鸟雀不敢近人者，以人为甚于蛇鼠之类也。“苛政猛于虎”，信哉！

这篇文章借母亲吃斋行善、“恶杀生”、禁捕雀鸟的故事，强调人应与自然和谐自处，尤其是文末最后一句“苛政猛于虎”，不禁让人联想起柳宗元的《捕蛇者说》。在此文中，苏轼希望通过人类的保护，使鸟类免于猛禽的伤害，同样，朝廷官府也应该这样保护平民，防止坏人侵害。

苏轼这种“仁爱”的思想，正是来源于他的母亲程夫人。也恰恰是因为对母亲有着深深的情感，苏轼才能在字里行间将母亲的仁爱、慈悲展现得淋漓尽致。母亲的仁爱给年幼的苏轼留下了深刻的印象，哪怕多年以后回忆起来，依然历历在目，让人难以忘怀。

多年以后，在母亲的一个祭日里，苏轼还曾做过一个奇怪的梦，这个梦被他用文字记载了下来，题名为《应梦罗汉记》：

元丰四年正月二十一日，予将往岐亭。宿于团封，梦一僧破面流血，若有所诉。明日至岐亭，过一庙，中有阿罗汉像，左龙右虎，仪制甚古，而面为人所坏，顾之惘然，庶几畴昔所见乎！遂载以归，完新而龛之，设于安国寺。四月八日，先妣武阳君忌日，饭僧于寺，乃记之。责授黄州团练副使眉山苏某记。

苏轼在家乡度过了长达两年多的守孝期，这也让他有较多时间流连于家乡的风光人情。在安葬完母亲之后，年轻有为的兄弟俩并没有在飞逝的时光里浪费这美妙的青春，而是四处观光、拜见亲朋好友，甚至在灵感来时也不忘吟诗作对。

苏轼还陪同妻子王弗回娘家青神住了很长一段时间，蜀中优美的山水陶冶了他的情操，也让他在守丧之余多了一份寄托。这段时期，苏轼留下很多的诗篇，如《咏怪石》一首：

家有粗险石，植之疏竹轩。人皆喜寻玩，吾独思弃捐。以其无所用，晓夕空嶄然。砧础则甲龂，砥砚乃枯顽。于缴不可碆，以碑不可镌。凡此六用无一取，令人争免长物观。谁知兹石本灵怪，忽从梦中至吾前。初来若奇鬼，肩股何孱颜。渐闻䵟䶜声，久乃辨其言。云我石之精，愤子辱我欲一宣。天地之生我，族类广且蕃。子向所称用者六，星罗雹布盈溪山。伤残破碎为世役，虽有小用乌足贤。如我之徒亦甚寡，往往挂名经史间。居海岱者充禹贡，雅与铅松相差肩。处魏榆者白昼语，意欲警惧骄君悛。或在骊山拒强秦，万牛喘汗力莫牵。或从扬州感庐老，代我问答多雄篇。子今我得岂无益，震霆凛霜我不迁。雕不加文磨不莹，子盍节概如我坚。以是赠子岂不伟，何必责我区区焉。吾闻石言愧且谢，丑状欻去不可攀。骇然觉坐想其语，勉书此诗席之端。

第二节

仕途的喜乐愁

人生到处知何似？应似飞鸿踏雪泥。

泥上偶然留指爪，鸿飞那复计东西。

老僧已死成新塔，坏壁无由见旧题。

往日崎岖还记否，路长人困蹇驴嘶。

（苏轼自注：往日马死于二陵，骑驴至渑池。）

——《和子由渑池怀旧》

这首诗创作于北宋嘉祐六年（1061年）。初入仕途的苏轼赴任陕西，路过渑池，弟弟苏辙前来相送，手足之情，依依难舍，苏轼写下了这首和诗。

苏辙的原诗是这样的：“相携话别郑原上，共道长途怕雪泥。归骑还寻大梁陌，行人已度古崤西。曾为县吏民知否？旧宿僧房壁共题。遥想独游佳味少，无言骓马但鸣嘶。”

苏辙所写的是一首怀旧诗。当年，兄弟二人前往京城应试时，曾经到过渑池，并且来到寺中拜访僧人，在墙上题诗，正如诗中所说“曾为县吏民知否？旧宿僧房壁共题”。如今故地重游，一切都发生了改变——“老僧已死成新塔，坏壁无由见旧题”。人生如梦，充满了变换，不仅生活行无定踪，连整个人生也充满了不可知性与不确定性，就像鸿雁从雪上飞过，偶尔一驻足，才能留下一点印记，可是当鸿飞雪化之后，一切却又不存在了。冥冥中，有什么是不变的呢？苏轼在思索着，他想起了崤山道上骑着蹇驴崎岖前行的村民们：不经历这些人生的坎坷与艰难困苦，又哪里能迎来前路的一马平川呢？

苏轼从人生的变换中领悟到了生命的哲理，又从这些哲理中获得了乐观的力量，于是，他义无反顾地前行着。

入京后，苏轼被任命为河南府福昌县（今河南宜阳县西）主簿，苏辙也被任命为河南府渑池县（今河南渑池县）主簿。对于苏轼兄弟来说，担任这个办理文书等事务的九品官简直就是大材小用，于是兄弟俩都辞不赴任，等待明年举行的制科考试。

所谓“制科考试”，是由皇帝特别下诏并亲自主持、为选拔非常人才而特设的一种考试。它不同于三年一次的科考，应试者必须经过大臣举荐，先由六名考官在秘阁（负责收藏中央各文史机构的珍本书籍及书画）举行“未阁试”，只有成绩合格的人才能参加御试。“制科考试”要求严格，录取人数较少。南北两宋时期的制科考试一共举行了22次，但成绩合格者总共才41人。不过，如果是制科考试出身，会比进士及第更为荣耀。

苏轼兄弟并非常人。第二年，即嘉祐六年（1061年）八月，苏轼以“贤良方正能直言极谏科”考入第三等，苏辙考入第四等（由于前两等基本形同虚设，所以第三等也就是最高等）。苏轼被授予大理评事、签书凤翔府（治所在今陕西凤翔）签判的官职。苏辙被任为商州（治所在今陕西商县）推官（掌管审案）。二者都属于正八品官职。

然而，由于苏辙在《御试制科策》中尖锐地抨击宋仁宗，瞬间在朝廷引起轩然大波。考虑到父亲苏洵奉命在京修书，苏辙便自己奏请留京侍奉，苏轼则独自一人，怀着“致君尧舜上，再使风俗淳”的理想踏上了前往陕西的仕途。

苏轼出发的时候，正值寒冬腊月、大雪纷飞的时候，苏辙赶来相送。这是兄弟俩第一次分别，想起数年来兄弟二人形影不离，如今却即将山水分隔，天各一方，两人心中不禁感慨万千。两人在郑州西门外话别，望着弟弟远去的身影，苏轼内心百感交集，他只能用诗句来表达当时的心情，于是就有了这首《辛丑十一月十九日既与子由别于郑州西门之外马上赋诗一篇寄之》：

不饮胡为醉兀兀，此心已逐归鞍发。

归人犹自念庭帏，今我何以慰寂寞。

登高回首坡垅隔，但见乌帽出复没。

苦寒念尔衣裘薄，独骑瘦马踏残月。

路人行歌居人乐，童仆怪我苦凄恻。

亦知人生要有别，但恐岁月去飘忽。

寒灯相对记畴昔，夜雨何时听萧瑟？

君知此意不可忘，慎勿苦爱高官职。

苏轼于十二月十四日抵达陕西凤翔任所。这里距离京城 1170 里，是一座边防重镇。然而，苏轼沿途所见到的景象，却无法让他开心起来。这一路，他所见到的都是些破败的景象，人民困苦不堪。数年前与西夏的战争给百姓带来的伤害到现在都没有结束，很多百姓食不果腹。寒冬腊月，许多贫民却是“可怜身上衣正单”。

怀揣着“致君尧舜上”理想的苏轼看在眼里，痛在心里，他希望通过自己的力量做出一些改变，让当地的老百姓过得好一点。于是，苏轼从下马开始，便逐步进行了一系列造福百姓的民生工程。

所谓凤翔府签判，其实就是凤翔知府的助理官员，其主要职责有：与太守共同处理日常政务，同时签署公文上传下达。此外，还要负责运送政府所需的物资，“编木筏竹，东下河渭”，即将当地砍伐的竹木顺着渭河、黄河漂到京城，同时将各种军需物资沿着河流运到前线。

苏轼到凤翔所做的第一件事，就是修订当时的衙规，按照时令编木筏竹，减少木筏水运给老百姓带来的沉重负担，从而使得“衙前之害减半”。

苏轼到凤翔所做的最大一件事，同时也是造福后代的大事，就是倡导当地官民疏浚扩池，从而引城西北凤凰泉水注入，并在湖中种莲植柳，建亭修桥。这一池秀水养育着世世代代的凤翔人，并且因为苏轼在此留下许多传唱千古的文章和诗词，东湖也成为凤翔当地的文脉之所在，凤翔众多后代饱学宿儒之士，无一不受苏轼的影响，都读过他的精彩文章。

此外，苏轼深谙民生疾苦，他曾上书当时担任三司使的蔡襄，要求酌情减免凤翔当地老百姓的税收。在他看来，凤翔一带的老百姓刚刚经历战乱不久，急需休养生息，如果政府一味逼迫百姓上缴各种租税，最终只能逼得他们家破人亡、民不聊生。因此，他建议朝廷出台各种利民政策，减少老百姓的负担。他还主张将茶、酒、盐等生活必需品由老百姓自主经营，这样就可以限制官府垄断价格，从而减轻老百姓的负担。

苏轼到凤翔的第二年，正好碰上凤翔久旱不雨，当地旱情严重，禾苗枯焦，老百姓叫苦连天。心系百姓的苏轼便和凤翔民众一起前往太白山求雨，他们求神祈祷，祈求老天爷怜悯苍生，普降甘霖，解除大旱。与此同时，苏轼还在公堂北面的东湖中建造一座亭子，作为休息之所。祈雨的活动进行了很久，雨却一直没有下，直到苏轼的亭子建成，突然听到雷声轰鸣，只见满天乌云密布，一场大雨倾盆而下，干旱解除，凤翔百姓齐声感谢天地。苏轼因此写了一篇著名的散文记叙这件事情，即《喜雨亭记》：

亭以雨名，志喜也。古者有喜，则以名物，示不忘也。周公得禾，以名其书；汉武得鼎，以名其年；叔孙胜敌，以名其子。其喜之大小不齐，其示不忘一也。

余至扶风之明年，始治官舍。为亭于堂之北，而凿池其南，引流种木，以为休息之所。是岁之春，雨麦于岐山之阳，其占为有年。既而弥月不雨，民方以为忧。越三月，乙卯乃雨，甲子又雨，民以为未足。丁卯大雨，三日乃止。官吏相与庆于庭，商贾相与歌于市，农夫相与忭于野，忧者以喜，病者以愈，而吾亭适成。

于是举酒于亭上，以属客而告之，曰："五日不雨可乎？"曰："五日不雨则无麦。""十日不雨可乎？"曰："十日不雨则无禾。""无麦无禾，岁且荐饥，狱讼繁兴，而盗贼滋炽。则吾与二三子，虽欲优游以乐于此亭，其可得耶？今天不遗斯民，始旱而赐之以雨。使吾与二三子得相与优游以乐于此亭者，皆雨之赐也。其又可忘耶？"

既以名亭，又从而歌之，曰："使天而雨珠，寒者不得以为襦；使天而雨玉，饥者不得以为粟。一雨三日，伊谁之力？民曰太守。太守不有，归之天子。天子曰不然，归之造物。造物不自以为功，归之太空。太空冥冥，不可得而名。吾以名吾亭。"

苏轼在文中阐述了自己给亭子起名为"喜雨亭"的缘由，文章突出了"喜"字和"雨"字，通篇洋溢着因天降甘霖而喜气洋洋的气氛，同时也展现出初入仕途的苏轼与民同乐的思想。

年轻的苏轼虽然踌躇满志，但他的仕途也并非一帆风顺，很快，他就遇上了仕途中的第一道难题——他的顶头上司陈希亮。

陈希亮字公弼，仁宗嘉祐八年（1063 年）正月由京东转运史调任凤翔太守，这一年是苏轼到达凤翔的第三个年头。此人身材不高，又黑又瘦，但目光澄澈，为人刚直，常常当面指责别人的过错，丝毫不留情面。据说当时的官员们在一起游乐，只要听说陈希亮来了，满座的欢声笑语就会立刻消失，大家都不由自主地严肃起来。这样一个刚正严苛的人，对待下属的严厉可想而知。

凑巧的是，陈希亮也是眉山人，与苏轼为同乡，比苏轼大 30 多岁，是苏轼的长辈。但是对于这个同乡兼小辈的下属，陈希亮没有丝毫通融，见面不久就给了他一个下马威。

由于苏轼是制科考试出身，而且以"贤良方正能直言极谏科"考入第三等，所以当地官员无论是太守，还是府吏，都尊称他为

“苏贤良”。陈希亮上任后，有一次听人这么称呼苏轼，便很不以为然地训斥道：“一个小小的签判，官衙都没有坐热，有什么贤良的？”并将此人打了几大板，弄得苏轼下不了台。

如果说这只是一件小事，那么陈希亮经常对苏轼起草的文章圈圈点点，甚至毫不客气地涂抹删改则令苏轼气愤不已。苏轼以文名天下，连文坛领袖欧阳修、文章圣手梅圣俞都对他的文章推崇不已，陈希亮却偏偏对他起草的公文横挑鼻子竖挑眼，这让少年成名、以才气自负的苏轼根本无法接受。

为了表示心中的郁闷和不满，苏轼便写诗讽刺陈希亮摆官架子，说他接见同僚的时候在座位上打瞌睡——“谒入不得去，兀坐如枯株，岂惟主忘客，今我亦忘吾。同僚不解事，愠色见髯须，虽无性命忧，且复忍须臾”。

这一天正是七月十五中元节，苏轼由于心中郁闷，没有参加官府的例会，也不去知府厅堂拜会。没想到陈希亮竟然抓住这一点弹劾苏轼，最后苏轼被罚俸。

苏轼心高气傲，哪里咽得下这口气？正巧此时陈希亮在官府后园中造了一座凌虚台，以便远望终南山。凌虚台建好后，他邀请苏轼写一篇文章作为纪念，苏轼抓住了这个机会，在文章中揶揄、讥讽陈希亮：

国于南山之下，宜若起居饮食与山接也。四方之山，莫高

于终南，而都邑之丽山者，莫近于扶风。以至近求最高，其势必得。而太守之居，未尝知有山焉。虽非事之所以损益，而物理有不当然者。此凌虚之所为筑也。

方其未筑也，太守陈公杖屦逍遥于其下。见山之出于林木之上者，累累如人之旅行于墙外而见其髻也。曰："是必有异。"使工凿其前为方池，以其土筑台，高出于屋之危而止。然后人之至于其上者，恍然不知台之高，而以为山之踊跃奋迅而出也。公曰："是宜名凌虚。"以告其从事苏轼，而求文以为记。

轼复于公曰："物之废兴成败，不可得而知也。昔者荒草野田，霜露之所蒙翳，狐虺之所窜伏。方是时，岂知有凌虚台耶？废兴成毁，相寻于无穷，则台之复为荒草野田，皆不可知也。尝试与公登台而望，其东则秦穆之祈年、橐泉也，其南则汉武之长杨、五柞也，而其北则隋之仁寿、唐之九成也。计其一时之盛，宏杰诡丽，坚固而不可动者，岂特百倍于台而已哉！然而，数世之后，欲求其仿佛，而破瓦颓垣无复存者，即已化为禾黍荆棘丘墟陇亩矣，而况于此台欤！夫台犹不足恃以长久，而况于人事之得丧，忽往而忽来者欤？而或者欲以夸世而自足，则过矣。盖世有足恃者，而不在乎台之存亡也。"

既已言于公，退而为之记。

此文在记叙凌虚台修建和命名过程的同时，引古证今，大发世事无常的感慨，同时批判那些有所得便“世而自足”的作风，希望人们可以去探求那些真正可以永久依靠的东西。在文章中，苏轼讥讽陈希亮，道：“物之废兴成毁，不可得而知也”，“夫台犹不足恃以长久，而况于人事之得丧，忽往而忽来者欤!”意思是世间万物的盛衰是交替进行、无穷无尽的，凌虚台的盛衰也是如此，或许转瞬之间，它就会变成那长满野草的荒地；同样，人生的盛衰也是如此，有谁能预料到未来呢？如果有人想要以（高台）夸耀于世而自我满足，那就大错特错了。

苏轼将此文呈给陈希亮时，满以为他会勃然大怒，然后将自己的文章大肆删改，没想到陈希亮看完之后，竟没有改动一个字，而且笑着说：“吾视苏明允，犹子也；苏轼，犹孙子也。平日故不以辞色假之者，以其年少暴得大名，惧夫满而不胜也，乃不吾乐耶!”

这句话的意思是说：我把苏洵当成我的儿子，那么苏轼也就是我的孙子了。我之所以对这个孙辈平日里十分严厉，实在是因为担心他少年成名，骄傲自满，因此把握不住自己，所以我故意不给他好脸色看，甚至故意挫伤他的锐气。没想到这个孩子居然当真了，还满肚子不高兴呢!

为了让苏轼明白自己的一番苦心，他命人将《凌虚台记》一字不漏地刻在凌虚台的石碑上，对于苏轼在文章中的讥讽，他只字不提，慨然接受。

可以说，陈希亮算得上苏轼人生道路上一个不可多得的导师。

与欧阳修的奖掖后进、大肆提拔不同，陈希亮对苏轼的影响，是在他志得意满的时候及时泼上一杯冷水，让他能回过头来看看自己走过的道路，让他时时清醒、时时提防。这一番苦心，苏轼很快就明白了。

多年以后，当苏轼回忆起在凤翔与陈希亮相处的往事时，他这样写道："公于轼之先君子为丈人行（长辈），而轼官于凤翔，实从公二年。方是时年少气盛，愚不更事，屡与公争议，形于言色，已而悔之。"意思是，我在凤翔做官的时候，由于年轻气盛，不太懂事，常常与陈太守发生争执，有时候还怒形于色，现在想来，我真是后悔。

后来，苏轼不仅与陈希亮的儿子陈慥（字季常）结成了好友，还在陈希亮死后应陈慥之请撰写了《陈公弼传》，以上一段追悔的文字，便出自这篇传记。

第三节

十年生死两茫茫

十年生死两茫茫，不思量，自难忘。千里孤坟，无处话凄凉。纵使相逢应不识，尘满面，鬓如霜。

夜来幽梦忽还乡，小轩窗，正梳妆。相顾无言，惟有泪千行。料得年年断肠处，明月夜，短松冈。

——《江城子·乙卯正月二十日夜记梦》

有人说，苏轼的《江城子·十年生死两茫茫》即《江城子·乙卯正月二十日夜记梦》、潘岳的《悼亡诗三首》、贺铸的《鹧鸪天·重过阊门万事非》、元稹的《离思·曾经沧海难为水》，堪称我国古代“四大悼亡诗”。其中，苏轼那首传诵千古的《江城子·十年生死两茫茫》理所当然地排在榜首。

宋英宗治平二年（1065 年），苏轼在凤翔任职三年多后，被朝廷解除官职，回到朝中，被任命为登闻院（受理官民建议或申诉的机构）殿中臣（管理官廷事务的殿中省的官员）。

此时，宋仁宗已经驾崩，宋英宗赵曙继位，他久闻苏轼大名，想破格将其召入翰林院，委以重任，让他担任替皇帝起草诏书或修起居注的官职，也就是担任皇帝的机要秘书，参与朝政。如果苏轼真能胜任，那么未来的宰相也非他莫属，因为宋代历届的宰相很多都是从这一职位上擢升的。然而，这一想法遭到了当朝宰相韩琦的反对，他认为苏轼虽然才华横溢，不可多得，但是他年纪轻、资历浅，若贸然擢升，不能让大多数臣子心服口服，还是将他放在较低的位置上，历练一番。这样逐步提升，才能水到渠成。

就这样，苏轼于宋英宗治平二年正月带着爱妻王弗回到了京都，这一年苏轼 30 岁，王弗 27 岁。

按照韩琦的想法，苏轼经过了当时的馆阁考试，来到史馆任职。作为史官，虽然没有实权，却能跻身社会名流，受到世人的尊重。对于苏轼来说，这是最清闲不过的职位，而且他在任职的同时还得以饱览宫中历代珍本图书和名人字画，苏轼乐在其中。

然而，好景不长。

有道是“恩爱夫妻不到头”，抑或是上苍也妒忌这一对神仙眷侣，同年五月二十八日，苏轼的爱妻王弗突然身患重病而亡，年仅 27 岁，她的身后仅留下一个年仅 7 岁的儿子苏迈。

英年丧妻，突如其来，苏轼悲痛不已。回想他与妻子度过的十年岁月，从眉州到京城，从京城到凤翔，从凤翔到京城，生活中的点点滴滴、妻子的一颦一笑像流水般从眼前淌过。

那一年，她才16岁，还是一个羞怯的闺中少女，笑语盈盈地站在青神的鲤鱼池边，眉目间脉脉含情，秋波流转，转动着少女的情思和初恋的生涩；那一年，她成为新妇，满脸娇羞，楚楚动人。面对苏家的大大小小，她用勤快、温柔和谨言慎行征服了所有的人，赢得了全家上下的喜爱；那一年，他们还没有儿子，只是一对初尝人间情爱的儿女，她默默无言，常常手拿针线活静静地坐在他的身旁，陪他读书，听他吟诗，在烛光昏暗的时候剪去烛心，在他感到疲惫的时候亲手送上一杯热茶；那一年，她跟随丈夫游宦凤翔，身边没有其他亲人，只有夫妻二人与小儿相依为命，但她相夫教子，生活过得惬意而自由。

她深知丈夫性格爽直，心无城府，因而时时细心地留意他在外与人交往时的一言一行。每当苏轼从外面回来，她总要细心地询问，唯恐他说错了话，做错了事，从而吃亏上当。她时常这样提醒苏轼说："你离开父亲远了，凡事没有人指点，不可不慎重。"

时间长了，她已经和丈夫达成了默契。苏轼的人生有了她的提醒和指点，或许会走得平坦许多，然而，这一切却在突然之间变成了回忆。

由于暂时无法返乡，苏轼只能将妻子灵柩寄托在京城的西郊。

他的父亲对他说：“儿媳跟了你，却无法享受你的成就，你将来应该将她葬在你母亲的身旁。”苏轼将父亲的话记在了心上。

时光荏苒，刚刚忙完妻子的葬礼，苏轼在史馆已经待了差不多一年的时间了。第二年，即治平三年（1066年）四月，苏轼的父亲苏洵也去世了，享年58岁。此时，苏洵已经编完《太常因革礼》，但他独自撰写的《易传》还没有完成，只能带着遗憾离开人间。临终前，苏洵将尚未完稿的《易传》托付给两个儿子，希望他们将其续写成书。苏轼、苏辙跪在父亲的病榻前接受了这一遗愿。后来，苏轼终其一生都在完成父亲临终前交代的这一任务。一直到他被贬谪到海南岛以后，他才完成这部著作。而这部由苏氏父子共同完成的《易传》也成为中国易经研究史上的名篇。

苏洵死后被追赠光禄寺丞。苏轼、苏辙立刻辞官回乡，宋英宗特命官府安排船只护送苏洵及苏轼夫人王弗的灵柩回乡。欧阳修、韩琦等老臣都派人前来安慰兄弟二人。

同年五月，苏轼、苏辙带着灵柩走安徽水路，沿长江上行回家。由于是逆行，兄弟二人走得很慢，直到第二年四月才回到家乡。他们安葬好父亲，并为父亲修了一座庙，庙中放置着父亲的画像和菩萨像。苏轼将妻子安葬在了母亲的坟旁。

此外，苏轼还亲自为妻子写了墓志铭——《亡妻王氏墓志铭》。在此文中，苏轼称夫人为“君”，体现出夫妻恩爱与相互敬重的情感。他回忆了妻子在苏家孝敬公婆、陪伴自己的种种事迹，称赞她

“恭谨肃恬”，并将夫妻二人生活中的甜蜜细节展现得淋漓尽致。在文中，苏轼哀叹道：“呜呼哀哉！余永无所依怙。君虽没，其有与为妇何伤乎。呜呼哀哉！”意思是，你死后，我将孤苦一人，没有人陪伴，这是一件多么悲伤的事情啊！

十年后，当苏轼提笔写下那首著名的悼亡词——《江城子·乙卯正月二十日夜记梦》时，他已经过了不惑之年，而且也续娶了妻子。他的第二任妻子是王弗的堂妹王闰之，虽不及堂姐聪明能干，但她温柔随和，心地善良，堪为苏轼的佳侣。然而，爱妻王弗的一颦一笑，始终没有从苏轼的脑海中抹去，时间越长，他对她的思念反而更加强烈了。

这一年，苏轼正在密州（今山东诸城）任知州，一个寂静的夜晚，他做了一个梦。梦中，他回到了故乡眉州。在苏家那颇具情致的庭院里，他邂逅了亡妻王弗，依旧是那个清秀的身影，她倚在小轩窗下，静静地梳妆打扮。一听到人的脚步，便连忙回过头来，看着苏轼，满眼是泪，却是相对无言，仿佛时光在静静地流淌，又仿佛这十年间他们从未分离。

伊人倏忽不见，苏轼从梦中惊醒，只见泪湿枕头，梦境不再。他感慨万千，想起十年前的往事，想起十年来的人生，心中无限思念与感叹。他提起笔，就这样在灯下用笔墨娓娓诉说着自己的心情和梦境，抒发着自己对亡妻的脉脉深情。

第五章 忠心为民的一身正气

“人生识字忧患始”、“开卷惝怳令人愁”。淌入政治的洪流，面对社会变革，孰能无睹？每个有正气的人，为了天下苍生总会踊跃一试，苏轼也不例外。

第一节

大雨欲来风满楼

暮云收尽溢清寒，银汉无声转玉盘。

此生此夜不长好，明月明年何处看？

——《中秋月》

夜幕降临，云开雾散，寒气浸淫，银河流泻无声，玉盘似的月亮转动到了天幕中。这是何等难得的中秋美景啊，可是，此情此景、此生此夜却不能长久，人生如白驹过隙，欢乐的时光亦如白驹过隙，稍纵即逝。明年的中秋，我又会出现在何地，与何人共同观看这美丽的月色呢？

苏轼平生描写月色的作品，有一诗一词一文，诗即上述《中秋月》，词即《水调歌头·明月几时有》，文即《前赤壁赋》。

然而，在这几首作品中，作者从未触及过“人月团圆”的喜悦，而是充满了离愁别绪与思念之情，即使这首《中秋月》记述的是苏轼与胞弟苏辙久别重逢，共赏中秋月的赏心乐事，但读者感受到更多的是聚后不久又得分手的哀伤与感慨。明年的中秋夜，即使有这般美妙的月色，但自己还能兄弟团圆，二人携手共看月色吗？“此生此夜”与“明月明年”叠字唱答，“不长好”与“何处看”以一否定一疑问唱答，读者瞬间感受到了悠悠不尽的情韵。

1068 年，当苏轼守丧期满，第三次经过蜀道前往京师时，岁月更换，已经是宋神宗赵顼即位的熙宁元年了。仁宗皇帝虽然赏识苏轼，但无奈命短，皇位没坐多久，便撒手人寰了。而在京城内，一场暴风雨式的改革即将到来，苏轼选择在这个时候归京，不可避免地要卷入到这场变革中。

这是苏轼第三次远离故土。临行前，家乡的父老在苏家的宅院中种下了一棵荔枝树，祝愿两兄弟一路平安，更期待有朝一日兄弟二人功成名就，衣锦还乡。这一场景，苏轼在后来的《寄蔡子华》诗中曾经写道：“故人送我东来时，手栽荔子待我归。荔子已丹吾发白，犹作江南未归客。”

苏轼在乡亲们热情洋溢的祝福声中踏上了征程，但他没有想到，此去就是天涯海角，从此他再也没有机会回到故乡，他注定要在天南海北的漂泊中度过自己不平凡的一生。

关于王安石变法的历史背景，大概每一个熟悉历史的人都不会忘记，在北宋那个中央集权的朝代，北有强辽，西北有西夏、吐蕃，西南有大理。为了加强统治，巩固疆域，抵御外敌，北宋统治者采取了一系列强有力的措施，把军权、政权、财权最大限度地集中到皇帝手中。这些军政措施发展到后来，致使其存在无法调和的内部矛盾。

当时的社会现状，用一个词来概括就是“积贫积弱”。宋神宗时期，土地兼并十分严重，全国大概有1/3的自耕农沦为佃户，富者有田无税，贫者却负担沉重，再加上连年的自然灾害，各地农民暴动频繁，社会动荡不安。

在政府内部，为了加强中央集权统治，宋代的官职繁多，机构臃肿；为了抵御外族入侵，宋代不断扩充军队数量，官员的薪资以及军费开支非常高，尤其是军费开支，几乎占到整个财政支出的十之八九。

这两个问题一旦重合，结果便是政府的财政支出日益增加，但富豪在兼并土地的同时还隐匿土地，致使国家的财政收入锐减，从而引发了北宋政府极为严重的财政危机，导致当时“积贫”局面的形成。

另一方面，由于北宋政府吸取唐代武将拥兵自重、藩镇割据的教训，大力削弱武将的兵权。将领们没有调动军队的权力，权力掌握在皇帝手中，但身居后宫的皇帝并不懂军事，所以北宋军队虽然庞大，但是指挥效率和军队战斗力却极为低下。在与辽、西夏的战争中，北宋连年战败，“积弱”的局面逐渐形成。

随着“积弱”局面的形成，北宋在战败后不得不向辽和西夏缴纳真金白银以维持短暂的和平。当时，北宋每年向西夏输纳银七万两，绢五千匹，茶三万斤，向辽国输纳银二十万两，绢三十万匹，但这仍买不来西北边境的安宁。这样一来，“积贫”的局面反而更加严重，最终导致恶性循环。

国家贫弱，民不聊生。内忧外患迫在眉睫，在这样的背景下，社会各界要求缓和危机、革除弊政的呼声日益高涨。其实早在宋仁宗庆历年间，在王安石变法之前，宋仁宗就曾经进行过一次变革——史称“庆历新政”。当时，宋仁宗任用范仲淹为庆历政事（副宰相），以富弼、韩琦为枢密副使（全国军政机关的副长官），欧阳修、蔡襄、王素、余靖同为谏官，实行改革。范仲淹等人提出了精贡举、择官长、均公田、厚农桑、修武备、减徭役、重命令等10项以整顿吏治为中心的改革主张。但时隔不久，由于此次新政触犯了贵族官僚的利益，遭到他们的强烈反对。此次改革实行一年零四个月后，范仲淹、韩琦、富弼、欧阳修等人便被相继排斥出朝廷，一系列改革措施也因此而被废止了。

“王安石变法”则是北宋年间比“庆历新政”呼声更为强烈、措施更为齐全、影响更为广泛、遭到的反对更加激烈的一次改革。宋神宗赵顼与宰相王安石是这次变革的领袖人物。

宋神宗赵顼是英宗皇帝的长子，当皇帝时年方20岁，正是血气方刚、励志图强的时候。他在少年时代便深深懂得，北宋积贫积弱的尴尬局面是朝廷最大的屈辱。一登上皇位，他便锐意求治，富国强兵。有一次，他与大臣们谈起公元979年宋太宗御驾亲征辽国却惨败而归的悲惨往事，神宗皇帝无比沉痛地说："太宗皇帝自燕京城下兵败后，被北虏穷追不舍，随身携带的器物以及嫔妃都被北虏抢走，不翼而飞，而太宗本人竟然腿上连中两箭，年年发病，最后箭伤复发，因病去世，这是不共戴天之仇啊，可是我们还要年年输纳银子和绢帛，这是为人子孙者应当做的吗？"

宋神宗当太子时，非常喜欢读《韩非子》，并对法家"富国强兵"之术十分感兴趣；此外，他还读过王安石的《上仁宗皇帝言事书》，对于王安石在书中阐述的理财治国思想十分赞赏。

《上仁宗皇帝言事书》是王安石在宋仁宗嘉祐五年（1060年）所写。当时，他由提点江南东路刑狱转任三司度支判官。在历任州县地方长官之后，王安石广泛了解到社会的现实与民间的疾苦，他希望通过改革来改变北宋的现状。在这篇长达万言的文章中，王安石分析了宋朝的种种内忧外患，提出了变法革新以及培养人才的想法，希望宋仁宗以汉、唐两代的覆亡为前车之鉴，实行变法。

王安石在《上仁宗皇帝言事书》中针砭时弊、极言变法，为了打消仁宗的顾虑，他还进一步强调说：

"臣又观朝廷异时欲有所施为变革，其始计利害未尝熟也，顾一有流俗侥幸之人，不悦而非之，则遂止而不敢为。夫法度立，则人无独蒙其幸者。故先王之政，虽足以利天下，而当其承弊坏之后，侥幸之时，其创法立制，未尝不艰难也。使其创法立制，而天下侥幸之人亦顺悦以趋之，无有龃龉，则先王之法，至今存而不废矣。惟其创法立制之艰难，而侥幸之人不肯顺悦而趋之，故古之人欲有所为，未尝不先之以征诛，而后得其意。……今有天下之势，居先王之位，创立法制，非有征诛之难也。虽有侥幸之人不悦而非之，固不胜天下顺悦之人众也。然而一有流俗侥幸不悦之言，则遂止而不敢为者，惑也。陛下诚有意乎成天下之才，则臣又愿断之而已。”

这段话的大意是说，但凡朝廷进行大的改革时，关于各方利益的平衡，未必会做得十分周到。一旦触及某一方的利益，一些别有用心的人便会站起来反对，而改革的人也会因此而犹豫不决，于是导致变法终止。在我看来，每一项法律的制定都是为了有利于天下的臣民，其创立之初都要经历一番艰难，并不是每一个人都赞成的。如果因为少部分人的反对而废除该项律法，那么老祖宗的法令制度也不会维持到今天了。所以皇帝进行改革的时候，虽然会触及少部分人的利益，引起他们的不高兴，但千万不要因为这些反对而不顾天下百姓的愿望和呼声。

这些话语在仁宗皇帝那儿没有产生太大的影响，却深深地打动了希望励精图治的宋神宗。他多次召王安石进宫谈论时政，君臣一见如故，并在一系列重大国策上取得高度一致。据说，有一次与神宗皇帝畅谈，王安石曾经怀着无比豪迈的心情对神宗说："大有为之时，正在今日！"

这一句话，足以让当时年轻的皇帝心潮澎湃，信心倍增，果断地采取了王安石的建议进行一场轰轰烈烈的变法。于是，经过一年的准备与酝酿后，熙宁二年（1069 年）二月，宋神宗起用王安石为参知政事（副宰相），雷厉风行的王安石说干就干，一场北宋历史上最为著名的变法革新运动由此拉开了序幕。

此时，苏轼刚刚守满丧期回到朝中。

第二节
静观而作《辨奸论》

神闲意定，万籁收声天地静。玉指冰弦，未动宫商意已传。悲风流水，写出寥寥千古意。归去无眠，一夜余音在耳边。

——《减字木兰花·琴》

于万籁俱寂的秋夜里聆听古琴的声音，弹琴人指尖还没有拨动琴弦，却仿佛听到天籁之音从耳边响起。等到指尖拨动朱弦，传出的是悲风流水般的音乐，让人联想到古往今来的许多踌躇满志和岁月蹉跎的往事。如此悲寥的乐曲，让作者辗转难眠，直到曲终人散，那一缕余音却一直伴随在他的耳边，久久不曾离去。

所谓古琴天人合一的境界，不过如此。但这首词打动读者的，却是那种“寥寥千古意”，隔着时空的隧道，我们仿佛还能窥见苏轼的影子，看到他在那个风云变幻的年代满身的寂寥与落寞。

在王安石变法运动中，苏轼注定是那个寂寥的旁观者。

熙宁二年（1069年）二月，王安石任参知政事，设制置三司条例司；四月，遣刘彝、谢卿材、侯叔献、程颢等八人考察诸路农田、水利、赋役；七月，立淮浙江湖六路均输法；九月，立青苗法；十一月，颁农田水利条约。一场轰轰烈烈的改革开始了。

这场改革的具体内容可分为理财和整顿军务两方面。前者有青苗法、免役法、均输法、市易法、方田均税法、农田水利法等内容；后者有减兵并营、将兵法、保马法、保甲法等内容。这两项内容非常具有针对性，理财是为了“富国”，针对的是北宋“积贫”的现实；整顿军务是为了“强兵”，针对的是北宋“积弱”的现状。

此时此刻，苏氏兄弟已经回到了这个政治漩涡中。苏轼恢复殿中丞、直史馆的职衔，差判官诰院（负责颁发官吏授官凭证的机构），而苏辙则担任制置三司条例司的属官。但是面对朝政的巨变，苏轼显得有些困惑。

这种困惑来自于他的父亲苏洵。早在变法还没有开始的时候，苏洵对于王安石这个颇具个性的“怪人”，似乎就不太喜欢，甚至写了一篇《辨奸论》讥讽他：

事有必至，理有固然。惟天下之静者，乃能见微而知著。月晕而风，础润而雨，人人知之。人事之推移，理势之相因，其疏阔而难知，变化而不可测者，孰与天地阴阳之事。而贤者有不知，其故何也？好恶乱其中，而利害夺其外也！

昔者，山巨源见王衍曰：“误天下苍生者，必此人也！”郭汾阳见卢杞曰：“此人得志。吾子孙无遗类矣！”自今而言之，其理固有可见者。以吾观之，王衍之为人，容貌言语，固有以欺世而盗名者。然不忮不求，与物浮沉。使晋无惠帝，仅得中主，虽衍百千，何从而乱天下乎？卢杞之奸，固足以败国。然而不学无文，容貌不足以动人，言语不足以眩世，非德宗之鄙暗，亦何从而用之？由是言之，二公之料二子，亦容有未必然也！

今有人，口诵孔、老之言，身履夷、齐之行，收召好名之士、不得志之人，相与造作言语，私立名字，以为颜渊、孟轲复出，而阴贼险狠，与人异趣。是王衍、卢杞合而为一人也。其祸岂可胜言哉？夫面垢不忘洗，衣垢不忘浣。此人之至情也。今也不然，衣臣虏之衣。食犬彘之食，囚首丧面，而谈诗书，此岂其情也哉？凡事之不近人情者，鲜不为大奸慝，竖刁、易牙、开方是也。以盖世之名，而济其未形之患。虽有愿治之主，好贤之相，犹将举而用之。则其为天下患，必然而无疑者，非特二子之比也。

孙子曰：“善用兵者，无赫赫之功。”使斯人而不用也，则吾言为过，而斯人有不遇之叹。孰知祸之至于此哉？不然。天下将被其祸，而吾获知言之名，悲夫！

《辨奸论》虽然没有指名道姓，但当时的人都知道，苏洵指的就是王安石。文章开始先将天象和人事进行比较，认为人事比天象更难掌握，也就是说，人的性格复杂多变，连聪明的人也难以洞悉，只有经过长时间平静的观察，才能看穿一个人的性格，并预言他未来的发展。接着，苏洵又通过山涛、郭子仪对王衍、卢杞的评论以及这种评论未免有疏漏，来论证自己的观点。

文章的第三段才是作者想要表达的核心。他说，现在有个人，口里说着孔子、老子等圣贤们的话，亲身实践着伯夷、叔齐的行为，招纳一些沽名钓誉之士和郁郁不得志的人，共同制造舆论、自我标榜，认为自己是颜渊再世、孟轲复生，实际上却居心叵测，阴险狠毒。这个人穿着奴仆的衣服，吃猪狗般的食物，头发蓬乱像囚徒一样，满面灰尘像居丧一样，却大谈诗书。然而，这一切只是假象，根本不是真性情的流露。他只是希望用伪装起来的好名声，来蒙骗希望有所作为的君王。这种人注定会成为天下的祸患，这是没有疑问的。

苏洵如此厌恶和诋毁王安石，或许有属于他自己的理由，或许他与王安石之间有着不可调和的误会，或许他被偏见蒙蔽了双眼。但关于王安石不修边幅的个性，却有一个故事可加以佐证。

有一次，一位朋友对王安石的夫人说："介甫（王安石字介甫）最喜欢吃兔肉丝。"夫人听了却吃惊地说："真的吗？我这么多年怎么不知道他有这个嗜好呢？”朋友回答说：“上次我请客，看见他一个人把一碗兔肉丝全部吃光了。”夫人素知王安石的个性，想了想便说：“那碗兔肉丝是不是正好摆在他的面前？”朋友点点头说：“是啊。”夫人立刻恍然大悟地说：“原来如此，下次你把兔肉丝放得离他远远的，看他是不是还会吃它。”第二次，朋友请王安石吃饭时，故意将兔肉丝摆在远离王安石的位置上，只见他一顿饭下来，只顾夹自己面前的菜，根本不知道席上还有兔肉丝。

一个认真而执着的人或许总有些怪癖，甚至难免有些不拘小节，这些性格缺陷虽然并不影响王安石的雄心大志和雷厉风行，但这些看似不起眼的细节却往往注定了事情的成败。苏洵对于王安石的诋毁或许存有太多偏见，但对于此次变法的预计与王安石的未来，他却不幸言中了。

苏氏兄弟素知父亲与王安石不和，当年苏洵以文章名动京师，王安石却没有一言褒奖。而王安石的母亲去世，朝中大臣纷纷前去吊唁，只有苏洵置之不理。对于父亲的这篇文章，苏轼大不以为然，甚至觉得父亲写得有些过分。

然而，对于王安石的一些言行，苏轼却看在眼里，不满在心中。他虽然从不怀疑王安石的人品，但对于他的一些做法，苏轼早就存在不同的意见，这种意见一旦扩大，便成了政见相敌。何况，与苏轼有着较深渊源的欧阳修、司马光、韩琦等元老都站在了反对王安石的一边。

第三节

拳拳之心反新法

醉翁门下士，杂遝难为贤。
曾子独超轶，孤芳陋群妍。
昔从南方来，与翁两联翩。
翁今自憔悴，子去亦宜然。
贾谊穷适楚，乐生老思燕。
那因江鲙美，遽厌天庖膻。
但苦世论隘，聒耳如蜩蝉。
安得万顷池，养此横海鳣。

——《送曾子固倅越得燕字》

这首诗是苏轼写给曾巩的。同为欧阳修门下弟子，面对朝政的瞬息万变，他们只能面对“翁今自憔悴，子去亦宜然”的现实；而对于当时的朝政，苏轼则发出了“但苦世论隘，聒耳如蜩蝉”的感慨。是啊，当道者心胸狭窄，根本容不下不同的意见。这样的世界，仿佛只剩下一种声音，像蝉鸣般聒噪单调，了无生趣。

变法的序幕一拉开，朝廷便自然地分为了两派：一派以王安石为首，力争变法革新；一派以司马光为首，反对新政。改革派认为应该用暴风骤雨式的改革革除当时的社会弊端，使宋代社会快速富强起来；反对派则认为应该循序渐进，不宜操之过急。两派之间势如水火，展开了激烈的争论。

很自然地，苏轼站到了反对派的一边。

就在熙宁二年（1069 年）五月，王安石准备改革科举，取消诗赋明经诸科，以经义论策考试进士，同时兴办学校，逐步实现以学校代替科举。针对这一具有现代精神的改革制度，宋神宗表示非常疑惑，他召来馆阁学士，讨论这一改革方案。

还朝不久后的苏轼当然身处参与讨论的人群中，他立即写了《议学校贡举状》一文反对这种制度，态度非常坚决。他在文章中指出，历代皇帝用诗赋考试，考取的士子中后来成为名臣的不可胜数，又何必一定要废除呢？“自唐至今，以诗赋为名臣者，不可胜数，何负于天下，而必欲废之！”

在他看来，建立学校以取代科举，只不过是“又当发民力以治宫室，敛民财以食游士，百里之内，置官立师，狱讼听于是，军旅谋于是，又当以时简不率教者，屏之远方，终身不齿，则无乃徒为纷乱，以患苦天下耶？”意思是此举劳民伤财，只能给老百姓带来苦楚，而并无益处。

苏轼的文章层层深入，论辩滔滔，使神宗皇帝读后赞不绝口。他特意传旨召见苏轼，向他询问当时的政令得失，同时对苏轼说：“即使我有过失，你也一定要直言，千万别隐瞒。”苏轼受到神宗皇帝的鼓舞，当时便直言批评神宗“求治太急，听言太广，进人太锐”。而宋神宗听完后并不生气，而是和颜悦色地对苏轼说：“你的话，朕会好好地思考一番的。”

苏轼退朝之后，兴奋不已。如果说此时他对全面批评新法还有所顾虑的话，那么发生在这年元宵节的一件事则彻底打消了他的顾虑，使他正式站到了反对新法的一面。

这年的元宵节，为了在宫中庆祝元宵佳节，宋神宗下令减价收买浙灯四千盏，同时禁止市民们购买，以满足宫中的需求。这一举动立即引起了商人和市民的强烈不满。

为此，苏轼写了《谏买浙灯状》，他认为：“卖灯之民，例非豪民，举债出息，蓄之弥年，衣食之计，望此旬日。陛下为民父母，唯可添价贵买，岂可减价贱酬。此事至小，体则甚大。”意思是卖灯的老百姓都是贫苦农民，一年辛辛苦苦地劳动，就为了让自己的灯卖个好价钱，好满足自己的衣食需求，可是皇帝还下令降价购买，这不是劳民伤财吗？因此，他批评神宗“以耳目不急之玩，而夺其口体必用之资”，并建议宫廷崇尚俭朴，与民生息。

宋神宗看完苏轼写的文章后，立刻采纳了苏轼的意见，停止买灯。而苏轼受到了宋神宗的鼓舞，认为他是一个从谏如流的君王，从此便一发不可收拾，写了《上神宗皇帝书》和《再上皇帝书》，对王安石变法进行全面的批评。此外，苏轼还写了《拟进士对御试策》，批评变法。

在这几篇文章中，苏轼首先反对的就是设立制置三司条例司。当时，朝廷共有五位执政宰相：曾公亮年过七旬，“老成持重”；富弼总是称病求退；唐介反对新法，不久病逝；赵抃畏惧新法，连声叫苦；只有王安石富于朝气，希望大展宏图。当时有人把这五位执政大臣调侃为“生（王安石）、老（曾公亮）、病（富弼）、死（唐介）、苦（赵抃）”。宋神宗要想变法图强，便按照王安石的想法，设制置三司条例司，由王安石、陈升之主领其事，主持变法。为了减少阻碍，王安石大量提拔和任用新人推行变法。对此，苏轼十分反对。他在《上神宗皇帝书》中明确要求废除制置三司条例司。他说：“夫制置三司条例司，求利之名也；六七少年与使者四十余辈，求利之器也。”又说：“消谗慝以召和气，复人心而安国本，则莫若罢制置三司条例司。夫陛下之所以创此司者，不过以兴利除害也。使罢之而利不兴，害不除，则勿罢；罢之而天下悦，人心安，兴利除害，无所不可，则何苦而不罢？”

这些话的意思表明，苏轼认为朝廷理财向来是由户部、度支、盐铁三司进行，现在又无故添加一个三司条例司，不但破坏群臣之间的和气，而且对于皇帝改革图新的政史有利而无害，只有废除这个机构，才能让官员心安，让朝政平和。

苏轼认为，朝廷在熙宁二年新颁布的《农田水利条约》，虽然鼓励各地开垦荒地，兴修水利。但这些条约只规定奖励兴修水利，却对那些因懈怠而耽误工程的人没有定罪，这样会导致“功成则有赏，败事则无诛”，将一桩好事变成了坏事。由此可以看出，苏轼对于王安石变法并非全盘否定，而是有针对性地指出其中的弊端，反对那些不从实际出发、急功近利的做法。

对于王安石新政的雇役法——原来不负担差役的官户、女户、寺观、未成年丁户都要按定额的半数交纳役钱，苏轼则担心此法会加重一般老百姓的负担，担心“庸钱不除，差役仍旧，使天下怨毒”。

苏轼以及所有反对派反对最为激烈的，是王安石变法中新设立的青苗法。所谓青苗法，即规定凡州县各等民户，在每年夏秋两季收成前，可以到当地官府借贷现钱或粮谷，以补助农耕。同时通过贫富搭配，10人为保，互相检查。贷款数额依各户资产分五等，一等户每次可借15贯，末等户1贯。当年借款随春秋两税归还，每期取息2分，但实际有重达三四分的。此法针对的是青黄不接时奸商故意抬高物价，通过高利贷逼迫农民的做法，实质上是夺取高利贷者的部分利益归朝廷，由朝廷放债取息。

然而，此法在实施的过程中却往往事与愿违，一些地方官员不仅强行让老百姓向官府借贷，而且根本不按之前的利息规定，而是随意提高利息，加重百姓的负担。有的官吏为了邀功，甚至为了中饱私囊，还额外建立名目繁多的勒索，让百姓苦不堪言。这样一来，青苗法不但收不到应有的效果，反而变为官府辗转放高利贷，从而收取利息的苛政，盘剥百姓的人由奸商变成了酷吏，老百姓照样得不到实惠。

这些情况，当过地方官的苏轼心知肚明，所以他在《上神宗皇帝书》中指出："青苗放钱，自昔有禁，今陛下始立成法，每岁常行，虽云不许抑配，而数世之后，暴君污吏，陛下能保之欤？异日天下恨之，国史记之，曰青苗钱自陛下始，岂不惜哉？东南买绢，本用见钱，陕西粮草，不许折兑。朝廷既有著令，职司又每举行，然而买绢未尝不折盐，粮草未尝不折钞，乃知青苗不许抑配之说，亦是空文。"

他还认为："一市之价既平，一邦之民自足，无专斗乞匄之弊，无里正催驱之劳，今若变为青苗，家贷一斛，则千户之外，孰救其饥？且常平官钱常患其少，若尽数收籴，则无借贷；若留充借贷，则所籴几何？乃知常平青苗，其势不能两立。坏彼成此，所丧愈多；亏官害民，虽悔何逮。"

此外，苏轼还反对王安石新法中的均输法和变科举、兴学校的制度。他在《再上皇帝书》中说："陛下自去岁以来，所行新政皆不与治同道。立条例司，遣青苗使，敛助役钱，行均输法，四海骚动，行路怨咨，自宰相以下皆知其非。”这句话的意思是说，自从皇帝去年实行新法以来，四海之内处处怨言，自宰相王安石以下，人人都抱怨新法的不好，只是蒙蔽皇帝一人罢了。所以，他要求尽快废除新政，并说：“今日之政，小用则小败，大用则大败，若力行而不已，则大乱随之。”如果不立即废除新法，他预言一场灾难即将来临。

与此同时，苏轼还一针见血地指出王安石用人不当的缺点，他曾经对神宗这样评论王安石说：“王安石不知人，不可大用。”他认为那些有知人之明的人，在用人的时候一定要多次考察和历练，确定此人有卓越的才能后，再加以重用，而王安石操之过急，“招来新进勇锐之人，以图一切速成之效”，这样就会“多开骤进之门，使有意外之得，公卿侍从，跬步得图”，最终导致“近来朴拙之人愈少，而巧进之士益多”。所以，苏轼在《上神宗皇帝书》中说：“陛下欲去积弊，而立法必使宰相熟议而后行事。若不由中书，则是乱世之法，圣君贤相，夫岂其然？必若立法，不免由中书熟议，不免使宰相，此司之设，无乃冗长而无名。智者所国，贵於无迹，汉之文景，纪无可书之事；唐之房杜，传无可载之功；而天下之言治者与文景，言贤者与房杜，盖事已立而迹不见，功已成而人不知。故曰：‘善用兵者，无赫赫之功。’岂惟用兵，事莫不然。今所图者，万分未获其一也，而迹之布於天下者，若泥中之斗兽。亦可谓拙谋矣。”

事实证明，苏轼的观点是正确的，王安石变法的失败很大一部分原因就是用人失当。为了减少变法的阻碍，他大量任用新人，但他对这些人的人品和才能根本不了解就加以重任，正是这些人“朝辞禁门，情态即异；暮宿州县，威福便行。驱迫邮传，折辱守宰，公私烦扰，民不聊生”的种种做法，最终导致了新法的失败。

平心而论，苏轼对于当时王安石变法的种种反对，自有他的局限和误区。对于当时涉世未深，对社会问题、社会弊端认识不够的苏轼来说，他的从政经验根本不及王安石丰富，他在政治上趋于保守，希望进行的是和风细雨般的变革，而不是暴风骤雨般的革新。这样一来，他往往会被自己的双眼所蒙蔽，根本看不到王安石变法中积极的一面，而将其中消极的一面无限放大。

主张渐变的苏轼曾经在《拟进士对御试策》中对宋神宗说，人臣和君主的忧患本来在于因循苟且而不敢改作。现在的神宗皇帝年富力强，正是君臣一心、共同作为的好时机，但皇帝却相信王安石的冒进做法，“群臣不能济之以慎重，养之以敦朴”，就像有人乘着轻车骏马，冒险夜行，赶马的人又从后面鞭打，这样的做法实在太危险了。他希望神宗解下鞍，喂饱马，等到天明，再慢慢地从大道开始行进。

尽管苏轼对于王安石变法中的弊端看得非常透彻，但他这种全盘否定的观点与做法，对于变法来说毫无用处，苏轼本人与王安石的关系也日趋僵化，最终影响了苏轼本人的仕途与人生。

第四节

远离是非别京城

旧书不厌百回读，熟读深思子自知。

他年名宦恐不免，今日栖迟那可追。

我昔家居断还往，著书不复窥园葵。

揭来东游慕人爵，弃去旧学从儿嬉。

狂谋谬算百不遂，惟有霜鬓来如期。

故山松柏皆手种，行且拱矣归何时。

万事早知皆有命，十年浪走宁非痴。

与君未可较得失，临别惟有长嗟咨。

——《送安敦秀才失解西归》

神宗熙宁三年（1070 年），28 岁的安敦以秀才的身份参加了乡试，最终却以失败告终。苏轼写诗安慰他，并在诗中谈论求知的道理，同时语气委婉地劝慰安敦回家安心读书，他相信只要“熟读深思”，总有一天会理解经典的奥妙。

与安敦一样，此时的苏轼在他的仕途中正在经历一次失败，他雄心勃勃写给宋神宗的反对变法的文章，不但没有让神宗皇帝停下脚步进行反思，反而惹怒了王安石，遭遇了一段贬谪的生活。

这就是理想与现实的差距。如果说年过而立的苏轼已经初步领略到这种差距的话，那么正在励精图治进行社会变革的王安石还在固执地坚持着，他还要经过多年才能体会到苏轼此时的心情。

苏轼的一系列反对王安石变法的激烈言论，早已在不觉间惹怒了王安石，导致“介甫之党皆不悦”。王安石虽然不是个睚眦必报、心胸狭窄的小人，但却不能保证其他人暗中诋毁苏轼。如御史知杂事谢景温就曾经诬奏苏轼，说他在苏洵去世、扶丧返回四川的时候，曾在舟中贩过私盐。为了获得所谓的罪证，此人还派手下追捕当时的船工并对其进行拷问。但苏轼身正不怕影子歪，此事并没有对他造成影响。

而与此同时，苏轼的朋友、同僚与敬佩的前辈，却一个个因为反对新法而失意地离开了朝廷。他们的离开让苏轼产生了一种空前的寂寞之感。尤其是当苏轼的弟弟苏辙在制置三司条例司任职时，与王安石的助手吕惠卿政见不合，同时又上书批评新法，最终外放陈州学官。弟弟的离开让苏轼顿时感受到了离愁，苦闷之余他只能寄诗给自己的弟弟，如在《次韵子由初到陈州二首》中，苏轼这样写道：

(其一)

道丧虽云久，吾犹及老成。如今各衰晚，那更治刑名。懒惰便樗散，疏狂托圣明。阿奴须碌碌，门户要全生。

(其二)

旧隐三年别，杉松好在不？我今尚眷眷，此意恐悠悠。闭户时寻梦，无人可说愁。还来送别处，双泪寄南州。

在京中，他知己减少，一腔愁绪无人诉说，只能过着“懒惰便樗散，疏狂托圣明”的日子，在孤独中感慨“闭户时寻梦，无人可说愁”。放眼望去，京城成为改革派的天下，自己这个不合时宜的人，不知什么时候，也将收拾行囊，远走天涯了。

在《送钱藻出守婺州得英字》一诗中，苏轼这样写道：“吾君方急贤，日旰坐迩英。黄金招乐毅，白璧赐虞卿。子不少自贬，陈义空峥嵘。古称为郡乐，渐恐烦敲搒。临分敢不尽，醉语醒还惊。”

在这里，苏轼不仅批评神宗皇帝急功近利，而且预言随着新法的推行，官吏们对老百姓的盘剥会越来越厉害。最后，苏轼表示，这些都是他的心里话，因为喝了几杯酒，他才在临别的时候将这些自己平时不敢说的话表达出来，但是一旦说出来后，这些话又让酒醒后的他感到非常吃惊。这首诗语带讽刺，直接表露了苏轼对王安石变法的极度不满，矛头直指当时的统治核心——神宗皇帝。苏轼自己后来也承认，这首诗“讥讽新法不便”，针对的是“青苗、助役既行，百姓输纳不前，为郡者不免用鞭笞催督”的现实。

此时此刻的苏轼只是为了抒发内心中的苦闷和不满，他没有想到，这些苦闷中写下的诗歌，在今后的人生中会给自己带来多大的麻烦。

第六章 谪居太守的舞词弄墨

“老夫聊发少年狂，左牵黄，右擎苍，锦帽貂裘，千骑卷平冈。……会挽雕弓如满月，西北望，射天狼。”谪居密州，豪情不减，词之恢弘，阳刚迸发。

第一节

杭州：水乡怡情

湖山信是东南美，一望弥千里。使君能得几回来？便使樽前醉倒、且徘徊。

沙河塘里灯初上，水调谁家唱？夜阑风静欲归时，惟有一江明月、碧琉璃。

——《虞美人·为杭守陈述古作》

湖山美丽，醉倒樽前，沙河塘里，灯火初明，是谁在那里吟唱江南的水调？夜深人静，皓月当空，江水澄澈，静谧祥和，是谁告别了江南美丽的土地，将依依惜别的情思洒在今晚？且问使君：江南好，几时您能够归来呢？

这首别开生面的赠别词写于熙宁七年（1074 年），苏轼时任杭州通判。当时太守陈襄任期已满，即将调往他处赴任，苏轼写下这首赠别词，以江南的美景、当晚的美酒和依依惜别的情思赠别这位好友兼同僚。

从京城前往杭州为官，此事不知是苏轼的幸运还是杭州的幸运。苏轼邂逅了杭州，因此才有了“欲把西湖比西子，淡妆浓抹总相宜”的名句；邂逅杭州的苏轼，因此才有苏堤春晓的美景，并作为“西湖十景”之一从此流传，惹人无限神往。

去杭州做通判，对于喜爱山水的苏轼来说，如果拂去前段时间变法风云带给他的不快，此事完全可以称得上一项美差。所以，熙宁四年（1071 年）七月，苏轼便带着继室夫人王闰之，13 岁的长子苏迈和去年新生的次子苏迨等乘船离京，踏上了前往杭州的征程。

途中，苏轼先后来到苏辙所在的陈州（今河南淮阳）与欧阳修所在的纱颍州（今安徽阜阳），与他们相聚。此时欧阳修已经远离朝政，须发皆白，老眼昏花，正在风景优美的江南故居度过自己的晚年时光。苏轼的到来让欧阳修十分高兴，他们师徒诗文唱和，游山玩水，非常欢乐。但苏轼没有想到，这是他们最后一次相聚。第二年，欧阳修便因病去世了，忙于公务的苏轼不能前去吊丧，只能用一篇《祭欧阳文忠公文》寄托哀思。

当苏轼于同年十一月下旬抵达杭州时，他立刻为这座美丽而迷人的城市陶醉了，这里山明水秀，富庶繁华，春赏鲜花，夏看美景，秋闻桂子，冬听雪声，的确是一个适合文人墨客优游的城市。

苏轼的脑海中不由自主地闪现出柳永的那首《望海潮》：

东南形胜，三吴都会，钱塘自古繁华。烟柳画桥，风帘翠幕，参差十万人家。云树绕堤沙。怒涛卷霜雪，天堑无涯。市列珠玑，户盈罗绮，竞豪奢。

重湖叠巘清佳。有三秋桂子，十里荷花。羌管弄晴，菱歌泛夜，嬉嬉钓叟莲娃。千骑拥高牙。乘醉听箫鼓，吟赏烟霞。异日图将好景，归去凤池夸。

苏轼情不自禁地陶醉在湖光山色之中，早已将京城无法忘却的烦恼和郁闷抛到了九霄云外。杭州美丽的景色已将他活泼、开朗、好动的天性重新激发起来，同时也将他的诗心与灵感重新激发出来。他开始畅游天地，感受人与自然的和谐与美好。

在这里，苏轼留下了诸多赞美杭州的名篇，脍炙人口的诗篇有：

黑云翻墨未遮山，白雨跳珠乱入船。卷地风来忽吹散，望湖楼下水如天。

——《六月二十七日望湖楼醉书其一》

菰蒲无边水茫茫，荷花夜开风露香。渐见灯明出远寺，更待月黑看湖光。

——《夜泛西湖》

伟人谋议不求多，事定纷纭自唯阿。尽放龟鱼还绿净，肯容萧苇障前坡。一朝美事谁能继，百尺苍崖尚可磨。天上列星当亦喜，月明时下浴金波。

——《开西湖》

壶中春色饮中仙，骑鹤东来独惘然。犹有赵陈同李郭，不妨同泛过湖船。

——《次韵赵德麟西湖新成见怀绝句》

昨日出东城，试探春情。墙头红杏暗如倾。槛内群芳芽未吐，早已回春。绮陌敛香尘。雪霁前村。东君用意不辞辛。料想春光先到处，吹绽梅英。

——《浪淘沙·探春》

苏轼就这样融入了杭州优美的自然山水中，也融入了杭州欢快悠闲的文人生活中，在美景、佳肴、宴饮的欢乐中度过了最快乐的一段时光。他曾经来到西湖孤山，寻觅过钱塘名妓苏小小、梅妻鹤子林和靖等人的墓地；他曾经孤身一人前往孤山寺拜访当时的名僧惠勤和惠思，并与他们有过诗文唱和，留下了一首著名的《腊日游孤山访惠勤惠思》：

天欲雪，云满湖，楼台明灭山有无。水清出石鱼可数，林深无人鸟相呼。腊日不归对妻孥，名寻道人实自娱。道人之居在何许？宝云山前路盘纡。孤山孤绝谁肯庐？道人有道山不孤。纸窗竹屋深自暖，拥褐坐睡依团蒲。天寒路远愁仆夫，整驾催归及未晡。出山回望云木合，但见野鹘盘浮图。兹游淡薄欢有余，到家恍如梦蘧蘧。作诗火急追亡逋，清景一失后难摹。

对于杭州最负盛名的西湖，苏轼无论花朝月夕，雨雪阴晴，时常与朋友徜徉其间。由于杭州府衙紧靠西湖南岸的凤凰山麓，这更方便了苏轼到西湖赏美景。他曾将办公桌搬到湖边，一边欣赏风景，一边处理公务。由于苏轼才思敏捷，他常常在谈笑之间便将事务处理得清晰妥当，让人惊奇不已，这件事情甚至在市井之间传为美谈。

苏轼性格开朗，古道热肠，又才华横溢，心胸宽广，因此与杭州当地的朋友相处得十分融洽。只要有他在场，这些文人之间的宴会便充满了快乐。他与当地灵隐寺、天竺寺中的高僧也有密切的来往，而杭州城虽地位低下但多才多艺的歌伎们也与苏轼有着不浅的交情。

据说，当年的杭州城每年有两件令人兴奋的大事，一是春天赏牡丹，一是八月十五钱塘江观潮。苏轼初来乍到，对此二事颇有兴趣。

由于熙宁四年已经错过了牡丹花会和钱塘潮，第二年一入春，苏轼便迫不及待地盼望着牡丹花会的到来。熙宁五年三月二十三日，苏轼陪同知州前往观花，在花前庭院摆酒作乐。当时正是官民同乐的时候，只见丝竹声声，香风阵阵，人们举杯庆祝，沉浸在极度的欢愉之中。杭州人素有簪花的习俗，这一天，所有参加花会的人不分男女老少全都戴上了牡丹花，任意穿街走巷，留下了一路欢歌笑语，整个杭州城变成了花的海洋、欢乐的天地。而第一次面对此情此景的苏轼，不禁诗兴大发，大声吟唱道：

人老簪花不自羞，花应羞上老人头。醉归扶路人应笑，十里珠帘半上钩。

——《吉祥寺赏牡丹》

春去秋来，钱塘江观潮的日子又要到来了。这是一件激动人心的大事，八月十五日这天，苏轼与知州一行人马来到钱塘江最佳的观潮处，与杭州当地的百姓一起，等待着潮水的到来。观潮的胜地早已锣鼓喧天，笑声喧哗，一些江浙本地的弄潮儿正跃跃欲试。远远地，只见天边出现了一条银线，不久后便听到了千军万马般的轰鸣声，潮水汹涌如雪浪般扑面而来，大自然的威力让岸边观潮的人们齐声惊叹，此景让苏轼心潮澎湃，他提笔写道：

定知玉兔十分圆，化作霜风九月寒。寄语重门休上钥，夜潮流向月中看。

万人鼓噪慑吴侬，犹似浮江老阿童。欲识潮头高几许？月山浑在浪花中。

江边身世两悠悠，久与沧波共白头。造物亦知人易老，故叫江水向西流。

吴儿生长狎涛渊，冒利轻生不自怜。东海若知明主意，应教斥卤变桑田。

江神河伯两醯鸡，海若东来气吐霓。安得夫差水犀手，三千强弩射潮低。

——《八月十五日看潮五绝》

而对于弄潮儿的精彩表现，苏轼也留下了一首颇具吴越当地民歌特色的小令——《瑞鹧鸪·观潮》：

碧山影里小红旗。侬是江南踏浪儿。拍手欲嘲山简醉，齐声争唱浪婆词。西兴渡口帆初落，渔浦山头日未欹。侬欲送潮歌底曲？尊前还唱使君诗。

有人说，苏轼在杭州与和尚以及歌女们的交往中留下了无数浪漫与耐人寻味的故事。苏轼与高僧们的故事，出现频率最高的是佛印。由于苏轼喜欢与西湖边的高僧交朋友，和尚们素闻他的大名，也喜欢和他来往。据说，苏轼与圣山寺的佛印和尚最要好，两人饮酒吟诗之余，还常常开玩笑。

在一些通俗作品中，有这样一则故事：佛印和尚好吃，每逢苏东坡宴会请客，他总是不请自来。有一天晚上，苏东坡邀请黄庭坚去游西湖，船上备了许多酒菜。游船离岸，苏东坡笑着对黄庭坚说："佛印每次聚会都要赶到，今晚我们乘船到湖中去喝酒吟诗，玩个痛快，他无论如何也来不了啦。"谁知佛印老早打听到苏东坡要与黄庭坚游湖，就预先在他俩没有上船的时候，躲在船舱板底下藏了起来。

明月当空，凉风送爽，荷香满湖，游船慢慢地来到西湖三塔，苏东坡把着酒杯，拈着胡须，高兴地对黄庭坚说："今天没有佛印，我们倒也清静，先来个行酒令，前两句要用即景，后两句要用'哉'字结尾。"黄庭坚说："好吧！"苏东坡先说："浮云拨开，明月出来，天何言哉？天何言哉？"黄庭坚望着满湖荷花，接着说道："莲萍拨开，游鱼出来，得其所哉！得其所哉！"

这时候，佛印在船舱板底下早已忍不住了，一听黄庭坚说罢，就把船舱板推开，爬了出来，说道："船板拨开，佛印出来，憋煞人哉！憋煞人哉！"

苏东坡和黄庭坚，看见船板底下突然爬出一个人来，吓了一大跳。仔细一看，原来是佛印，又听他说出这样的四句诗，禁不住都哈哈大笑起来。

苏东坡拉着佛印就座，说道："你藏得好，对得也妙，今天到底又被你吃上了!”于是，三人赏月游湖，谈笑风生。

事实上，苏轼与佛印来往频繁，主要集中在苏轼贬谪黄州时期；在杭州时，与苏轼来往频繁的反而是孤山寺惠勤、慧思等人。这个故事是否真实并不重要，重要的是它展现了苏轼在杭州时期度过的那段自由时光——其核心内容主要是游湖、观潮、赏月、品花以及层出不穷的游宴活动。

而在这些活动背后产生的优秀诗篇，让人们走进了一个真实的苏轼，也让后人走进苏轼的内心世界。当苏轼将这些诗篇汇集成书时，读者们便能从《钱塘集》中感受他在杭州度过的点点滴滴。

在杭州，苏轼除了游山玩水，诗文唱和，也留下不少政绩。寄情山水并不影响他勤于政务。苏轼一到杭州，就发现当地每年因违反盐法而获罪的人非常多，他忙于处理囚犯，根本不得休息，甚至在除夕之夜，他也在处理囚犯，“日暮不得返舍”。

由于杭州地处近海，“其水苦恶，惟负山凿井，乃得甘泉”，苏轼便协助知州疏浚六井，从而提高了杭州居民饮用水的质量。为此，苏轼还写了《钱塘六井记》一文，记叙六井的历史和整治六井的整个过程，苏轼在文章中写道：

潮水避钱塘而东击西陵，所从来远矣。沮洳斥卤，化为桑麻之区，而久乃为城邑聚落，凡今州之平陆，皆江之故地。其水苦恶，惟负山凿井，乃得甘泉，而所及不广。唐宰相李公长源始作六井，引西湖水以足民用。其后刺史白公乐天治湖浚井，刻石湖上，至于今赖之。始长源六井，其最大者，在清湖中，为相国井，其西为西井，少西而北为金牛池，又北而西附城为方井，为白龟池，又北而东至钱塘县治之南为小方井。而金牛之废久矣。嘉祐中，太守沈公文通又于六井之南，绝河而东至美俗坊为南井。出涌金门，并湖而北，有水闸三，注以石沟贯城而东者，南井、相国、方井之所从出也。若西井，则相国之派别者也。而白龟池、小方井，皆为匿沟湖底，无所用闸。此六井之大略也。

熙宁五年秋，太守陈公述古始至，问民之所病。皆曰："六井不治，民不给于水。南井沟庳而井高，水行地中，率常不应。"公曰："嘻，甚矣，吾在此，可使民求水而不得乎！"乃命僧仲文、子圭办其事。仲文、子圭又引其徒如正、思坦以自助，凡出力以官者二十余人。于是发沟易甃，完缉罅漏，而相国之水大至，坎满溢流，南注于河，千艘更载，瞬息百斛。以方井为近于浊恶而迁之少西，不能五步，而得其故基。父老惊曰："此古方井也。民李甲迁之于此，六十年矣。"疏涌金池为上中下，使浣衣浴马不及于上池。而列二闸于门外，其一赴池而决之河，其一纳之石槛，比竹为五管以出之，并河而东，绝三桥以入于石沟，注于南井。水之所从来高，则南井常厌水矣。凡为水闸四，皆垣墙扃鐍以护之。

明年春，六井毕修，而岁适大旱，自江淮至浙右井皆竭，民至以罂缶贮水相饷如酒醴。而钱塘之民肩足所任，舟楫所及，南出龙山，北至长河盐官海上，皆以饮牛马，给沐浴。方是时，汲者皆诵佛以祝公。余以为水者，人之所甚急，而旱至于井竭，非岁之所常有也。以其不常有，而忽其所甚急，此天下之通患也，岂独水哉？故详其语以告后之人，使虽至于久远废坏而犹有考也。

苏轼在杭州担任通判共3年时光。这3年中，苏轼的足迹遍布了杭州周边的城市，对于民生疾苦，尤其是王安石变法给杭州百姓带来的利弊，他从未忘记。正因如此，他反而比居庙堂之高的改革者们更深切地接触民众的生活，了解民众的疾苦，因此也更加痛恨那些深居高堂，对百姓的死活不闻不问的官僚。

苏轼将眼前看到的一切写入诗歌中，因而形成了他的政治讽喻诗，其中最著名的莫过于《山村五绝》：

竹篱茅屋趁溪斜，春入山村处处花。无象太平还有象，孤烟起处是人家。

烟雨濛濛鸡犬声，有生何处不安生。但教黄犊无人佩，布谷何劳也劝耕。

老翁七十自腰镰，惭愧春山笋蕨甜。岂是闻韶解忘味，迩来三月食无盐。

杖藜裹饭去匆匆，过眼青钱转手空。赢得儿童语音好，一年强半在城中。

窃禄忘归我自羞，丰年底事汝忧愁。不须更待飞鸢坠，方念平生马少游。

在这些反映民生疾苦的诗中，苏轼表达了对王安石变法所带来的弊端的强烈不满；而他对老百姓的深深同情，也毫无保留地在诗中流露。写诗的苏轼只是希望将眼前的实景用文字的形式表现出来，却未曾想到这些写实的政治讽喻诗，在“乌台诗案”中差点要了他的性命。

第二节

密州：但愿人长久

明月几时有？把酒问青天。不知天上宫阙，今夕是何年。我欲乘风归去，又恐琼楼玉宇，高处不胜寒。起舞弄清影，何似在人间？

转朱阁，低绮户，照无眠。不应有恨，何事长向别时圆？人有悲欢离合，月有阴晴圆缺，此事古难全。但愿人长久，千里共婵娟。

——《水调歌头·中秋》

与富饶繁华的杭州相比，贫瘠偏远的密州算得上是天壤之别，但苏轼在这里度过了两年的时光。两年的时光里，他的生活不再如杭州般过得轻快和诗意，更多的是沉重和叹息。

然而，物质生活的得与失又怎会影响苏东坡的心情呢？在这首著名的中秋词中，苏东坡借对弟弟苏辙的思念表达出他对人生境遇的看法："人有悲欢离合，月有阴晴圆缺，此事古难全。但愿人长久，千里共婵娟。"

林语堂曾说，这是史上最好的中秋词，这首词一出，其他中秋词都不值得一提了。

转眼间，苏轼在杭州3年任满。此时，由于苏辙正在山东济南任职，为了与弟弟相聚，苏轼特意上奏朝廷，希望能调任到靠近济南的州县。最终朝廷下令，苏轼如愿以偿地被任命为密州（治所在今山东诸城）知州。

在密州，苏轼度过了39岁至41岁的"不惑"之年，他踏入了人生的成熟期，也踏入了诗文创作的成熟期。

密州如何能与杭州相比？这是一个贫穷落后的山区，经济萧条，文化落后，老百姓生活清苦，官员的薪俸也很低。突然从天堂走入人间，苏轼一时间还不能适应，他在《超然台记》一文中写道：

余自钱塘移守胶西，释舟楫之安，而服车马之劳；去雕墙之美，而蔽采椽之居；背湖山之观，而适桑麻之野。始至之日，岁比不登，盗贼满野，狱讼充斥；而斋厨索然，日食杞菊。人固疑余之不乐也。

舟楫画舫变成车马劳顿，画栋雕梁变成木屋草房，湖光山色变成桑麻之野，“三吴都会、钱塘自古繁华”变成了天灾不断、庄稼歉收、盗贼遍地的现实。更要命的是，苏轼上任密州之初，便遭逢了莫大的困境，密州当地蝗灾、旱灾交相为虐。因灾情严重，人民生活困苦，连他这个知州也不得不采杞菊为食。一切正如他在《后杞菊赋并叙》中所写：“予仕宦十有九年，家日益贫。衣食之奉，殆不如昔者。及移守胶西，意且一饱。而斋厨索然，不堪其忧。日与通守刘君廷式循古城废圃求杞菊食之。扪腹而笑。”

食不果腹，只能挖杞菊为食，苦中作乐，苏轼偏偏能够捧腹笑出来，真不是一般人。说到底，这种生活是他自己选择的，他在饱尝杞菊之苦之后还这样说：“人生活在这世界上，就像手肘一样能伸直也能弯拢。什么叫贫困，什么叫富有？什么叫美艳，什么叫丑陋？有的人吃粗糠照样长得白白胖胖，有的人整天山珍海味却还是长得很瘦。何曾每天饭菜花费万钱，虞杲子吃的翻来覆去还是韭菜。这只是在梦里比较丰盛和贫寒，到头来还是一死。我现在以杞菊为食，春天吃它的苗，夏天吃它的叶子，秋天吃它的花和果实，冬天吃它的根，说不定我还能像子夏和南阳地方的人那样长寿呢！”

值此“岁凶民贫”，老百姓纷纷四处逃难。为了活命，他们甚至不惜抛下自己亲生的孩子。有一次，苏轼与通守刘廷式沿着城墙根挖野菜，竟然发现了一个用布包裹着的婴儿。震惊之余，苏轼将弃婴抱回了家中抚养，同时下令当地官员到野外搜寻弃婴。

不到几天，搜寻到的弃婴已经近四十名，依靠他一个人的力量，根本养不活他们。于是，苏轼将这些弃婴分别安排到各家抚养，由政府按月给抚养费，就这样，苏轼在两年内一共救活了数十名弃婴。

让苏轼更为忧心的是，这里的蝗虫灾害愈演愈烈，满眼望去，只见“民以蒿蔓裹蝗虫而瘗之道左，累累相望者二百余里，捕杀之数，闻于官者几三万斛”，满地幼虫，多如尘埃。如果坐视不管，必将酿成无法收拾的灾难。

在《次韵章传道喜雨》一诗中，苏轼描写了密州当地蝗虫成灾的场景：

去年夏旱秋不雨，海畔居民饮咸苦。今年春暖欲生蝝，地上戢戢多于土。预忧一旦开两翅，口吻如风那肯吐。前时渡江入吴越，布阵横空如项羽。（去岁钱塘见飞蝗自西北来，极可畏。）农夫拱手但垂泣，人力区区固难御。扑缘发尾困牛马，啖啮衣服穿房户。坐观不救亦何心，秉畀炎火传自古。荷锄散掘谁敢后，得米济饥还小补。常山山神信英烈，捴驾雷公诃电母。应怜郡守老且愚，欲把疮痍手摩抚。山中归时风色变。中路已觉商羊舞。夜窗骚骚闹松竹，朝畦泫泫流膏乳。从来蝗旱必相资，此事吾闻老农语。庶将积润扫遗孽，收拾丰岁还明主。县前已窖八千斛，（今春及今，得蝗子八千余斛。）率以一升完一亩。更看蚕妇过初眠，（蚕一眠，则蝗不复生矣。）未用贺客来旁午。先生笔力吾所畏，蹙踏鲍谢跨徐庾。偶然谈笑得佳篇，便恐流传成乐府。陋邦一雨何足道，吾君盛德九州普。中和乐职几时作，试向诸生选何武。

身为地方官，首要职责就是救民于水火，于是苏轼亲自下田，加入到灭蝗抗灾的斗争中，《和赵郎中捕蝗见寄次韵》一诗这样记载：

麦穗人许长，谷苗牛可没。天公独何意，忍使蝗虫发。驱攘著令典，农事安可忽？我仆既胼胝，我马亦款矻。飞腾渐云少，筋力亦已竭。苟无百篇诗，何以醒睡兀。初如疏畎浍，渐若决澥渤。往来供十吏，腕脱不容歇。平生轻妄庸，熟视笑魏勃。爱君有逸气，诗坛专斩伐。民病何时休，吏职不可越。慎无及世事，向空书咄咄。

除了亲自参与灭蝗斗争，苏轼还上书朝廷，为民请命。他先后写了《上韩丞相论灾伤手实书》与《论河北京东盗贼状》，请求豁免秋税，帮助受灾群众脱离困境。在《论河北京东盗贼状》中苏轼饱含同情地写道：

臣所领密州，自今岁秋旱，种麦不得，直至十月十三日，方得数寸雨雪，而地冷难种，虽种不生，比常年十分中只种得二三。窃闻河北、京东，例皆如此。寻常检放灾伤，依法须是检行根苗，以定所放分数。今来二麦元不曾种，即无根苗可检，官吏守法，无缘直放。若夏税一例不放，则人户必至逃移。寻常逃移，犹有逐熟去处，今数千里无麦，去将安往？但恐良民举为盗矣。且天上无雨，地下无麦，有眼者共见，有耳者共闻。决非欺罔朝廷，岂可坐观不放？欲乞河北、京东逐路选差臣僚一员，体量放税，更不检视。若未欲如此施行，即乞将夏税斛斗，取今日以前五年酌中一年实直，令三等已上人户，取便纳见钱或正色，其四等以下，且行倚阁。缘今来麦田空闲，若春雨调匀，却可以广种秋稼。候至秋熟，并将秋色折纳夏税。

……

自古立法制刑，皆以盗贼为急。盗窃不已，必为强劫。强劫不已，必至战攻。或为豪杰之资，而致胜、广之渐。而况京东之贫富，系河北之休戚，河北之治乱，系天下之安危！识者共知，非臣私说。愿陛下深察！此事至重，所捐小利至轻，断自圣心，决行此策。臣闻天圣中，蔡齐知密州。是时东方饥馑，齐乞放行盐禁，先帝从之，一方之人，不觉饥旱。臣愚且贱，虽不敢望于蔡齐，而陛下圣明，度越尧禹，岂不能行此小事，有愧先朝？所以越职献言，不敢自外，伏望圣慈察其区区之意，赦其狂僭之诛。

此外，苏轼还两次登山祈雨，并为百姓寻到水源，抗旱救灾。而针对密州“盗贼渐炽”的情况，苏轼在《论河北京东盗贼状》一文中对盗贼产生的根源做了十分精辟的分析并提出了相应的治理办法。尽管苏轼在密州只有短短的两年时间，但经过他的努力，密州的灾情基本得到控制，老百姓的生活也有了好转。

如果说苏轼在杭州以诗文唱和而闻名，那么在密州，他是用“以苦为乐”的精神和脚踏实地的行动来征服当地百姓的。在与百姓同甘共苦中，苏轼不仅及时为百姓排忧解难，而且时时刻刻关注着变法给百姓生活带来的种种影响。

与杭州相比，密州的生活艰苦而寂寞，有时候，他也会情不自禁地怀念起杭州的快乐生活：

灯火钱塘三五夜，明月如霜，照见人如画。帐底吹笙香吐麝，更无一点尘随马。

寂寞山城人老也！击鼓吹箫，却入农桑社。火冷灯稀霜露下，昏昏雪意云垂野。

——《蝶恋花·密州上元》

上片是杭州，下片是密州，以杭州的繁华盛景反衬密州的寂寥落寞，苏轼发出了一声长叹。但往者不可谏，生活总是要朝前走的，乐观的苏轼自然深深地明白。

好在家中有贤惠的妻子，虽不能如王弗般熟读诗书，但她温柔体贴，善解人意，不失为人生的佳侣。何况，苏轼重读《庄子》，其中超然旷达的齐物思想让苏轼很快就从人生的苦闷中走了出来，安静地接受密州寂寞的生活。

来到密州的第二年，苏轼修复了当地一座残破的楼台。由于弟弟苏辙将这座台起名叫“超然”，苏轼便写了一篇《超然台记》，表明自己超然物外，无往不乐的思想，文章写道：

凡物皆有可观，苟有可观，皆有可乐，非必怪奇伟丽者也。哺糟啜醨，皆可以醉；果蔬草木，皆可以饱。推此类也，吾安往而不乐？

夫所为求福而辞祸者，以福可喜而祸可悲也。人之所欲无穷，而物之可以足吾欲者有尽，美恶之辨战乎中，而去取之择交乎前。则可乐者常少，而可悲者常多，是谓求祸而辞福。夫求祸而辞福，岂人之情也哉？物有以盖之矣。彼游於物之内，而不游於物之外。物非有大小也，自其内而观之，未有不高且大者也。彼挟其高大以临我，则我常眩乱反覆，如隙中之观斗，又焉知胜负之所在。是以美恶横生，而忧乐出焉，可不大哀乎！

余自钱塘移守胶西，释舟楫之安，而服车马之劳；去雕墙之美，而蔽采椽之居；背湖山之观，而适桑麻之野。始至之日，岁比不登，盗贼满野，狱讼充斥；而斋厨索然，日食杞菊，人固疑余之不乐也。处之期年，而貌加丰，发之白者，日以反黑。予既乐其风俗之淳，而其吏民亦安予之拙也。于是治其园圃，洁其庭宇，伐安邱、高密之木，以修补破败，为苟完之计。而园之北，因城以为台者旧矣，稍葺而新之。时相与登览，放意肆志焉。南望马耳、常山，出没隐见，若近若远，庶几有隐君子乎！而其东则庐山，秦人卢敖之所从遁也。西望穆陵，隐然如城郭，师尚父，齐桓公之遗烈，犹有存者。北俯潍水，慨然太息，思淮阴之功，而吊其不终。台高而安，深而明，夏凉而冬温。雨雪之朝，风月之夕，予未尝不在，客未尝不从。撷园蔬，取池鱼，酿秫酒，瀹脱粟而食之，曰："乐哉游乎！"

方是时，予弟子由，适在济南，闻而赋之，且名其台曰"超然"，以见余之无所往而不乐者，盖游于物之外也。

这种超然物外的思想境界，也使得苏轼词的意境为之开阔，其代表作为《江城子·密州出猎》。

这是熙宁八年（1075 年）的十月，苏轼与同僚们在一个晴朗的秋日里举行了一次会猎。金风送爽，红叶纷飞，骏马奔驰，旌旗猎猎。苏轼头戴锦帽，身披貂裘，意气风发地前往山野。扬鞭催马的场景让他想起了当时西北边境紧张的局势，尽管已到不惑之年，但苏轼却仿佛又回到了裘马轻狂的年少时光里，心中涌起了驰骋疆场、以身报国的豪迈情怀。

这份豪迈显得厚重而珍贵，已经远不是杭州那些清丽轻巧的梦境般的岁月所能比拟的了。苏轼自己感觉到了心境与词境的变化，他在写给朋友的信中这样说：

近却颇作小词。虽无柳七郎（即柳永）风味，亦自是一家。呵呵！数日前，猎于郊外，所获颇多，作得一阕，令东州壮士抵掌顿足歌之，吹笛击鼓以为节，颇壮观也。

从这个时候起，苏轼豪放词的风格逐渐形成，他在艰难的岁月中汲取艺术与生活的养分，并将其逐渐融入自己的词境中。于是，次年中秋，他挥笔写下了那首传诵千古的中秋词，成为苏轼在密州所经历的思想的苦闷与诗意的超越的最好总结。

第三节
徐州：政通词美

簌簌衣巾落枣花，村南村北响缲车。牛衣古柳卖黄瓜。酒困路长惟欲睡，日高人渴漫思茶。敲门试问野人家。

——《浣溪沙》

这首词为苏轼《浣溪沙》组词的第一首。

此词描绘了这样一幅景象：有一个生机盎然的农村，村里枣花盛开，太守从树下走过，清香四溢的枣花扑簌簌地落到了衣帽上，看来到了秋后，枣子就可以丰收了。一些妇女们正在忙着抽茧成丝，一位穿着粗布衣服的庄稼汉在柳树下叫卖黄瓜。酒后困乏的太守在这静谧、美好的气氛中顿生困意，只想美美地睡上一觉。随着太阳升高，太守觉得口渴起来，连忙走到一户院落前，轻轻敲门，想向农户讨一杯水喝。

这是一幅官民同乐的美好场景，词中的那个太守，就是作者本人。词中所展现出的官民同乐的温馨乡村，位于徐州。

林语堂曾说：“连苏东坡这样的天才，真正的生命也是从 40 岁才开始的。”这一年，苏轼离开了密州，前往徐州任知州。在这里，他率民抗洪，兴建黄楼，寻找煤炭，劝农耕桑，展示了他杰出的行政才能。苏轼在八年的地方工作生涯中，最引人注目的业绩也是在徐州创造的。

熙宁十年（1077 年），苏轼由密州调任河中府（今山西运城）知州，但还没有上任，便改任为徐州知州。此行的陪同之人除了妻儿，还有阔别多年的弟弟苏辙。兄弟二人到了徐州后诗文唱和，度过了一段快活的日子。那年中秋月，苏轼写下了“此生此夜不长好，明月明年何处看”的句子。第二天，苏辙便依依不舍地离开了兄长，奔赴自己的前程去了。

中秋刚过，黄河的秋汛便涨起来了。徐州地区连续大暴雨，洪水顷刻之间便来到了徐州城下，很快淹没了 45 个县。苏轼忧心如焚，连忙派出急救人员，一边驾船前去营救百姓，一边安抚民心。当时，城中的有钱人家争相出城避水，苏轼心中明白，这样一来势必会导致民心大乱。洪水来时必然徐州不保，看来民心的安抚工作比什么都重要。于是苏轼当即劝阻出城的人说：“富户出城避难，全城人心动摇，有谁与我一同守城呢？有我在，决不会让洪水淹城！”这样，那些希望出城的人又回到了城中，民心稳定了下来。

安定民心后，苏轼又立即征集5000民工，疏浚下游河道，同时连夜加固城墙。身为一方太守的苏轼穿着草鞋，拄着木拐，亲自来到抗洪一线，希望动员禁军参加抗洪。但是按照宋朝的规定，禁军只归朝廷直接管辖，没有朝廷的命令，当地知州根本无权调动，可是紧急之下苏轼根本来不及向朝廷禀告，他只能用自己的诚意打动那些禁军，希望他们参与到抗洪的工作中。最后，禁军长官深深地为苏轼的精神所感动，立即率领全体官兵与当地民工一起，在徐州城外用最短的时间修筑了一道护城大堤，保护了徐州城的安全。

紧急情况已经有所缓解，苏轼又开始调集人手和物资，援救城外被洪水围困的百姓，他亲荷畚锸，布衣草屦，站在城上指挥着，直到十月初五那天黄河归入旧河道，被大水包围45天的徐州城彻底解除了危机，苏轼才长长地松了一口气。

洪水退去，苏轼没有懈怠，而是上书朝廷，请求豁免徐州赋税。为了确保徐州的长治久安，苏轼开始苦思对策，他决定在朝廷的允许下动用地方财政修筑防洪大堤，并在东南角城墙上兴建黄楼，以示土能胜水之意。半年以后，黄楼建成，当地百姓十分高兴，宋神宗还专门下诏表扬苏轼的所作所为。黄楼建成的那天，苏轼写了一篇《九日黄楼作》以示庆贺：“去年重阳不可说，南城夜半千沤发。水穿城下作雷鸣，泥满城头飞雨滑。黄花白酒无人问，日暮归来洗靴袜。”

为了表示庆贺，苏轼还邀请了苏辙、秦观、陈师道等人为黄楼作赋。苏辙特意寄来了一篇千言长赋《黄楼赋》，在描绘黄楼壮观景色的同时盛赞兄长治水的经过。这篇赋由苏轼亲自书写，请人镌刻成碑。据说，苏轼写《黄楼赋》时，曾偶然停笔，当地的官妓马盼盼素来善于模仿东坡字体，便偷偷续写了“山川开阖”四字。苏轼一见，开怀大笑，略加润色，不再重写。

此外，苏轼还带领徐州人民求雨以缓解当地的旱情。他多次考察农村，目睹了徐州农村在风调雨顺的时节里其乐融融的景象。他十分开心，怀着一腔深情留下了著名的《浣溪沙》词五首：

(其二)

游蕲水清泉寺，寺临兰溪，溪水西流。山下兰芽短浸溪，松间沙路净无泥。萧萧暮雨子规啼。谁道人生无再少？门前流水尚能西！休将白发唱黄鸡。

(其三)

细雨斜风作小寒。淡烟疏柳媚晴滩。入淮清洛渐漫漫。雪沫乳花浮午盏，蓼茸蒿笋试春盘。人间有味是清欢。

(其四)

风压轻云贴水飞，乍晴池馆燕争泥。沈郎多病不胜衣。沙上不闻鸿雁信，竹间时听鹧鸪啼。此情惟有落花知！

（其五）

软草平莎过雨新，轻沙走马路无尘。何时收拾耦耕身？日暖桑麻光似泼，风来蒿艾气如薰。使君元是此中人。

除了《浣溪沙》五首，苏轼还在徐州留下了著名的诗篇《石炭（并引）》：

彭城旧无石炭。元丰元年十二月，始遣人访获于州之西南白土镇之北，冶铁作兵，犀利胜常云。

君不见前年雨雪行人断，城中居民风裂骭。
湿薪半束抱衾裯，日暮敲门无处换。
岂料山中有遗宝，磊落如磐万车炭。
流膏迸液无人知，阵阵腥风自吹散。
根苗一发浩无际，万人鼓舞千人看。
投泥泼水愈光明，烁玉流金见精悍。
南山栗林渐可息，北山顽矿何劳锻。
为君铸作百链刀，要斩长鲸为万段。

原来，徐州蕴藏着丰富的煤炭，但历来无人知晓。苏轼到徐州后，便派人四处寻找煤炭，最终在徐州西南50里的白土镇发现了品质优良、储量丰富的煤田，从而促进了当地冶铁业的发展。

抗洪水、挖煤炭、抓冶铁、造兵器、劝农桑、修水利、建黄楼、兴旅游……苏轼到徐州担任知州虽然只有短暂的不到两年的时光，但他在繁忙的公务之余仍然笔耕不辍，留下了大量的文学作品以及十分珍贵的书法、绘画作品。

这一时期他的较为著名的作品有散文《放鹤亭记》：

熙宁十年秋，彭城大水。云龙山人张君之草堂，水及其半扉。明年春，水落，迁于故居之东，东山之麓。升高而望，得异境焉，作亭于其上。彭城之山，冈岭四合，隐然如大环，独缺其西一面，而山人之亭，适当其缺。春夏之交，草木际天；秋冬雪月，千里一色；风雨晦明之间，俯仰百变。

山人有二鹤，甚驯而善飞，旦则望西山之缺而放焉，纵其所如，或立于陂田，或翔于云表；暮则傃东山而归。故名之曰“放鹤亭”。

郡守苏轼，时从宾佐僚吏往见山人，饮酒于斯亭而乐之。挹山人而告之曰：“子知隐居之乐乎？虽南面之君，未可与易也。《易》曰：‘鸣鹤在阴，其子和之。’《诗》曰：‘鹤鸣于九皋，声闻于天。’盖其为物，清远闲放，超然于尘埃之外，故《易》《诗》人以比贤人君子。隐德之士，狎而玩之，宜若有益而无损者；然卫懿公好鹤则亡其国。周公作《酒诰》，卫武公作《抑戒》，以为荒惑败乱，无若酒者；而刘伶、阮籍之徒，以此全其真而名后世。嗟夫！南面之君，虽清远闲放如鹤者，犹不得好，好之则亡其国；而山林遁世之士，虽荒惑败乱如酒者，犹不能为害，而况于鹤乎？由此观之，其为乐未可以同日而语也。”山人忻然而笑曰：“有是哉！”乃作放鹤、招鹤之歌曰：

鹤飞去兮西山之缺，高翔而下览兮择所适。翻然敛翼，宛将集兮，忽何所见，矫然而复击。独终日于涧谷之间兮，啄苍苔而履白石。

鹤归来兮，东山之阴。其下有人兮，黄冠草屦，葛衣而鼓琴。躬耕而食兮，其余以汝饱。归来归来兮，西山不可以久留。

元丰元年十一月初八日记

放鹤亭位于徐州，为彭城隐士“云龙山人”张天骥所建。苏轼来到徐州后，与张天骥结为好友。由于山人养了两只仙鹤，每天清晨，他都要在这个亭子上放飞仙鹤，所以取名为“放鹤亭”。苏轼这篇《放鹤亭记》用神气的笔调描绘出徐州云龙山变幻莫测的迷人景色，同时又在文章中塑造了一个超凡脱俗的隐士形象，而苏轼通过拜访云龙山人的一番问答及讨论，体现了他此时的隐逸思想。

又如脍炙人口的诗歌《李思训画长江绝岛图》：

山苍苍，水茫茫，大孤小孤江中央。

崖崩路绝猿鸟去，惟有乔木搀天长。

客舟何处来，棹歌中流声抑扬。

沙平风软望不到，孤山久与船低昂。

峨峨两烟鬟，晓镜开新妆。

舟中贾客莫漫狂，小姑前年嫁彭郎。

李思训是唐代著名画家，山水画北宗的创始人。苏轼素喜绘画，对于这幅气势苍茫的《长江绝岛图》，他深深地沉醉其中。在诗中，他从实景写到虚景，将大孤、小孤两座山峰比作两位绝代佳人，仿佛正在对着如镜的水面梳理她们的发髻。末句结合“小姑嫁彭郎”的典故与“孤”、“姑”的谐音，将江山如画的美丽展现在读者面前。

此外还有《永遇乐》一首：

明月如霜，好风如水，清景无限。曲港跳鱼，圆荷泻露，寂寞无人见。紞如三鼓，铿然一叶，黯黯梦云惊断。夜茫茫，重寻无处，觉来小园行遍。

天涯倦客，山中归路，望断故园心眼。燕子楼空，佳人何在，空锁楼中燕。古今如梦，何曾梦觉，但有旧欢新怨。异时对，黄楼夜景，为余浩叹。

这首词是苏轼凭吊徐州城的古迹燕子楼时所作。燕子楼是唐时徐州节度使张建封之子张愔为他的爱妾关盼盼所建造的一座小楼。关盼盼才貌俱佳，风姿绰约，与张愔情深意重，互相爱慕。张死后，关盼盼眷念旧情，发誓不再嫁人，因而隐居燕子楼达十余年，最后不食而亡。

燕子楼的典故，让无数文人墨客为之黯然神伤，人们纷纷写诗作赋，或赞赏，或哀叹，表达对这位红颜女子的怜惜。苏轼却以静景写佳人，将人去楼空的感慨与今昔对比，恍然如梦的慨叹融合在一起，让人顿时产生了一种人生须臾、荣枯无常的无奈之感。

或许是人到中年，苏轼诗词中的感慨从此多了起来，甚至常常出现“古今如梦”、“人生如梦”的句子，但苏轼并没有沉浸在梦中而无法自拔，他曾说：“古今如梦，何曾梦觉，但有旧欢新怨。”可见，苏轼是清醒的，他珍重个体生命，执着于实现生命的价值。终有一天，他的精神境界将超越这如梦的人生。

第四节

湖州：诗酒与道

今年粳稻熟苦迟，庶见霜风来几时。
霜风来时雨如泻，杷头出菌镰生衣。
眼枯泪尽雨不尽，忍见黄穗卧青泥！
茅苫一月垅上宿，天晴获稻随车归。
汗流肩赪载入市，价贱乞与如糠粞。
卖牛纳税拆屋炊，虑浅不及明年饥。
官今要钱不要米，西北万里招羌儿。
龚黄满朝人更苦，不如却作河伯妇！

——《吴中田妇叹》

这首诗是苏轼表现民生疾苦的著名篇章，写作地点位于江苏湖州。诗歌分为两部分，前八句写秋天的阴雨给农民们带来的灾害，后八句写虐政给农民生活带来的巨大影响，其灾害比雨灾更加厉害。

很明显，这首诗是为反对新法而作的。诗中“官今要钱不要米”一句更是直指变法给百姓带来的害处，他们将百姓逼上了最后的绝路，老百姓除了死，再也没有其他的路可以走了。

苏轼在湖州任知州的时间并不长，这首诗则是写于苏轼任杭州通判时。当时苏轼因公务来到湖州，看到了当地百姓生活的惨状，写下了这首饱含血泪的诗歌。

经历了杭州、密州、徐州后，元丰二年（1079年）三月，苏轼突然接到了朝廷将他调任湖州（今浙江吴兴）的诏命。徐州百姓听说苏轼要调离徐州，都恋恋不舍，有的人攀挽马头，有的人割断他的马镫，不肯放苏轼前行。当一些人献酒献花，与苏轼共同回忆当年抗洪的危险场面时，大家都留下了热泪。苏轼也不禁热泪潸然，他恋恋不舍地写下了一首《江城子·别徐州》：

天涯流落思无穷！既相逢，却匆匆。携手佳人，和泪折残红。为问东风余几许？春纵在，与谁同！

隋堤三月水溶溶。背归鸿，去吴中。回首彭城，清泗与淮通。欲寄相思千点泪，流不到，楚江东。

这首词上片写别时的万千感慨，以一句“天涯流落思无穷”，引发了作者无限的离愁别绪。苏轼自诩为漂泊之人，是对他这几年频繁在外为官，不知家乡为何处，难以与亲人团圆的境遇的总结。“既相逢，却匆匆”，是表达对人生如浮萍的感慨与无奈，杭州三年，密州两年，徐州一年半，来去匆匆，不知何时才是归程呢？“携手佳人，和泪折残红”则以佳人作比，表达自己对徐州风物人情的无限留恋之情。身世之感与留恋之情夹杂在一起，让读者多了一层感慨与叹息。

下片借景抒情，离开徐州前往湖州，自然是“背归鸿，去吴中”了。一年多的时光，作者已将徐州当成是自己的故乡，所以自叹不如归鸿。回首看看徐州，只见清澈的泗水由西北而东南，向着淮水脉脉流去。当年黄河水泛滥的场景已经不在，但在那一场灾难中苏轼与百姓之间结下的深情，却随着时间的流逝而越来越深厚，只可惜如今灾难相逢，远去的诗人只能拜托清泗流水把千滴相思之泪寄往徐州，可是楚江（指泗水）东流，相思难寄，这难以割舍的情意，怎不教人痛断肝肠呢？

尽管有万般不舍，苏轼还是于元丰二年（1079 年）四月二十日抵达湖州任所。这并不是苏轼第一次来湖州，早在宋神宗熙宁五年（1072 年）冬天苏轼任杭州通判时，他就因公务差遣来到湖州，帮助当时的湖州知州孙觉勘察堤堰、治理水患。此时恰逢孙觉在湖州创建了墨妙亭，爱好书法的孙觉在墨妙亭中聚集了境内古碑共三十余座，其中有王羲之的《圣教序记》，颜真卿的《石柱记》、《射堂记》、《干禄字书》、《放生池碑》、《项王碑阴述》和白居易《白苹洲五亭记》等。同样喜好书法的苏轼如获至宝，他一一看过诸碑以后，在诸多的感慨下挥翰写下了《墨妙亭记》和《孙莘老求墨妙亭诗》。

后来，苏轼离开杭州前往密州赴任的时候又路过湖州，并在这里稍作停留，与当时的湖州知州李常、诗人张先等六人，进行了一次雅聚，他们诗文唱和，十分风雅快活。

这次是苏轼第三次来到湖州，也是苏轼在湖州停留时间最长的一次，但即便这次是停留最长的时间，也仅仅只有三个月。三个月后，来自朝廷的魔爪就开始伸向这个注定要坎坷一生的杰出诗人了。

苏轼来到湖州后，继续他祈雨祷晴、关注民生的作风。但是湖州处于江南富庶之乡，短短三个月的时间又不足以让苏轼做出太多的政绩。在这段时间里，他游山玩水，过得十分开心。

苏轼曾有诗："余杭自是山水窟，仄闻吴兴更清绝。"到了湖州之后，他更是彻底为湖州的山水所征服，写诗表明"我从山水窟中来，尚爱此山看不足"。

苏轼刚到湖州不久便赶上了端午节。此次，他邀请"苏门四学士"之一的秦观与自己同游，两人坐着软轿，慢慢地沿着湖州城欣赏满城的风景。诗人顿感心中愉悦，心胸开阔：

肩舆任所适，遇胜辄留连。
焚香引幽步，酌茗开静筵。
微雨止还作，小窗幽更妍。
盆山不见日，草木自苍然。
忽登最高塔，眼界穷大千。
卞峰照城郭，震泽浮云天。
深沉既可喜，旷荡亦所便。
幽寻未云毕，墟落生晚烟。
归来记所历，耿耿清不眠。
道人亦未寝，孤灯同夜禅。

——《端午遍游诸寺得禅字》

过了不久，湖州碧浪湖一带荷花盛开，芙蕖吐艳，苏轼多次泛舟游玩，欣赏这不可多得的美景。他在《绕城观荷花得月明星稀》组诗中赞叹道：

（其一）

昨夜雨鸣渠，晓来风袅月。萧然欲秋意，溪水清可啜。环城三十里，处处皆佳绝。蒲莲浩如海，时见舟一叶。此间真避世，青蒻低白发。相逢欲相问，已逐惊鸥没。

（其二）

清风定何物，可爱不可名。所至如君子，草木有嘉声。我行本无事，孤舟任斜横。中流自偃仰，适与风相迎。举杯属浩渺，乐此两无情。归来两溪间，云水夜自明。

（其三）

苕水如汉水，鳞鳞鸭头青。吴兴胜襄阳，万瓦浮青冥。我非羊叔子，愧此岘山亭。悲伤意则同，岁月如流星。从我两王子，高鸿插修翎。湛辈何足道，当以德自铭。

（其四）

吏民怜我懒，斗讼日已稀。能为无事饮，可作不夜归。复寻飞英游，尽此一寸晖。撞钟履声集，颠倒云山衣。我来无时节，杖屦自推扉。莫作使君看，外似中已非。

在为湖州的好山好水放声歌唱的同时，苏轼并没有忘记他的人生理想，苏轼此时正在酝酿着新的计划、新的打算，他希望能够“上以广朝廷之仁，下以慰父老之望”，为政一方，惠利百姓。

但是，一场突如其来的政治迫害，轻而易举地击碎了苏轼的所有梦想。

第七章 东坡居士的超然潇洒

“大江东去，浪淘尽，千古风流人物。……多情应笑我，早生华发。人生如梦，一尊还酹江月。”赤壁因苏轼而更熠熠生辉，苏轼因“乌台诗案”而更脱俗于世。

第一节

乌台诗案

(其一)

圣主如天万物春，小臣愚暗自亡身。
百年未满先偿债，千口无归更累人。
是处青山可藏骨，他年夜雨独伤神。
与君今世为兄弟，更结来生未了因。

(其二)

柏台霜气夜凄凄，风动琅珰月向低。
梦绕云山心似鹿，魂飞汤火命如鸡。
额中犀角真君子，身后牛衣愧老妻。
百岁神游定何处？桐乡应在浙江西。

——《狱中寄弟子由》

因“乌台诗案”入狱的苏轼写了两首诗寄给自己的弟弟，表面上是怀念久未谋面的同胞兄弟，实际上是表明自己忠君爱国的态度，同时表白自己根本没有诽谤朝政，算是“乌台诗案”后苏轼的一种无声的抗争。只是，这种抗争显得何其微弱与无力。苏轼用心之苦，不知那个远在庙堂之高的圣明天子，是否能够洞悉呢？

从一开始，苏轼主动申请到外地做官，就是为了躲避朝廷的是非纷争。但是，他对于朝政并没有真正置身事外，而是一直上表给宋神宗，而宋神宗素来赏识苏轼，每次读完都要对着群臣赞赏一番。这在无形之中，为苏轼树立了不少政敌。

何况，随着时间的推移，此时已经到了宋神宗元丰年间，朝廷政局发生了很大的变化，熙宁年间的变法派和反对派都已经先后离开了朝廷。“拗相公”王安石在两次被罢免宰相后终于心灰意冷，在南京度过他的晚年时光；与他针锋相对的司马光闭门著书，完全不理朝政。

此时在朝掌权的除了越来越一意孤行、刚愎自用的宋神宗，还有王安石的门生与他提拔的一批新进之士，此外就是宰相王珪等毫无才干且心胸狭隘之人。

苏轼当年曾指出，王安石在提拔人才的时候没有经过仔细的考核与历练，更谈不上考察对方的人品。所以，当他离开朝政的时候，身后只剩下一群嫉贤妒能、小肚鸡肠的无能之士，如御史中丞李定等。

宋神宗对苏轼时常的赞许，已经让那些心胸狭窄的人心怀忌恨；苏轼又偏偏不知收敛，常常在诗文中毫不客气地批评新政，这更让那些新政的执行者和既得利益者将他视为“眼中钉、肉中刺”。当苏轼还在纵情湖山时，一场针对他的阴谋已经在朝中暗暗形成了。

然而，要在皇帝面前诬陷苏轼并非容易的事情。苏轼名满天下，深得皇帝赏识，何况他在离京外任的时候又勤于公事，徐州抗洪还深得神宗皇帝的嘉奖，想要打垮他实在不是一件容易的事情。苏轼虽然喜欢舞文弄墨，口无遮拦，常常在诗文中讽喻朝政，但由于宋太祖施行“开国钦定不以言罪人”的祖宗家法，这些人也暂时不敢用文字狱的办法来打垮苏轼。何况当年沈括就想用这一招扳倒苏轼，但并未成功。

但无论如何，“讥讪朝政”是苏轼致命的弱点。随着神宗皇帝日益独断专行，如果将“愚弄朝廷”、“指斥乘舆（皇帝）”的罪名加到苏轼头上，也难保神宗皇帝不会生气。

整倒苏轼的机会很快就来了。苏轼抵达湖州后，按照惯例向皇帝上表，是为《湖州谢上表》：

臣轼言。蒙恩就移前件差遣，已于今月二十日到任上讫者。风俗阜安，在东南号为无事；山水清远，本朝廷所以优贤。顾惟何人，亦与兹选。臣轼（中谢）。伏念臣性资顽鄙，名迹堙微。议论阔疏，文学浅陋。凡人必有一得，而臣独无寸长。荷先帝之误恩，擢置三馆；蒙陛下之过听，付以两州。非不欲痛自激昂，少酬恩造。而才分所局，有过无功；法令具存，虽勤何补。罪固多矣，臣犹知之。夫何越次之名邦，更许借资而显受。顾惟无状，岂不知恩。此盖伏遇皇帝陛下，天覆群生，海涵万族。用人不求其备，嘉善而矜不能。知其愚不适时，难以追陪新进；察其老不生事，或能收养小民。而臣顷在钱塘，乐其风土。鱼鸟之性，既能自得于江湖；吴越之人，亦安臣之教令。敢不奉法勤职，息讼平刑。上以广朝廷之仁，下以慰父老之望。臣无任。

这一表章很快就在群臣中传开。这一次，李定等人千挑万选，终于在其中发现了几行较为刺眼的字：

“风俗阜安，在东南号为无事；山水清远，本朝廷所以优贤。”苏轼自称在东南无事可做，岂不是埋怨朝廷没有对他委以重任吗？

“知其愚不适时，难以追陪新进；察其老不生事，或能收养小民。”自从王安石变法以来，“新进”一词专门用来形容突然升迁的无能之辈，苏轼这么说，难道是指责朝廷的百官都是无能之辈吗？这等于在骂神宗皇帝瞎了眼嘛。

有了这些意外发现，这些奸邪小人们开始轮番上阵了。

第一个上场的是权监察御史里行何正臣，他指出苏轼“愚弄朝廷，妄自尊大”，又说“一有水旱之灾，盗贼之变，轼必倡言归咎新法，喜动颜色”，也就是说苏轼反对新法是为了沽名钓誉，不但不主动为朝廷分忧，反而幸灾乐祸。于是，他建议对苏轼“大明刑赏，以示天下”，意思是好好惩罚他一下。

第二个上场的是权监察御史里行舒亶，他重复了何正臣的一番话之后，又拿出苏轼在杭州出版的《钱塘集》，指出其中的诗歌处处讽刺新法，侮辱朝廷和当今皇帝。为了激怒神宗，他指出如下罪证：

陛下为救济贫困贷款于民，苏轼讥之为“赢得儿童语音好，一年强半在城中”。

陛下为推行新法令百官学习法令，苏轼讥之为“读书万卷不读律，致君尧舜终无术”。

陛下为发展农业兴修水利，苏轼则讥之为“东海若知明主意，应教斥卤变桑田”。

陛下为增加国家收入实行官盐专卖，苏轼则讥之为“岂是闻韶解忘味，尔来三月食无盐”。

……

所以，他建议将苏轼严加惩处，“以戒天下之为人臣子者”。

两人轮番上阵后，神宗皇帝并没有太强烈的反应，于是，御史中丞李定亲自拍马上阵。他一上场便使出撒手锏，声言苏轼有四大该杀之罪。第一，“苏轼初无学术，滥得时名”，这样一个无能之辈，却动辄毁谤朝政，陛下宽宏大量，不予论罪，给他改过自新的机会，他却“估终不悔”；第二，苏轼“傲悖之语，日闻中外”，实在太过猖狂；第三，苏轼写诗文诽谤朝廷，蛊惑人心，使其他人不服皇帝陛下的教化；第四，苏轼既然读书明理，就应该知道诽谤朝廷和皇帝是大罪，但他却明知故犯，实在可杀。

在李定的论调中，最具有杀伤力的一点是，苏轼每天所怨恨、所讥讽的对象不是别人，正是君威不可冒犯的皇帝本人。

这一群乌合之众的轮番轰炸终于使神宗觉得“舆论沸腾”，应该对此事加以重视。震怒之下，神宗传下了这样一道圣旨：“将苏轼谤讪朝政一案送交御史台根勘闻奏。”也就是说，苏轼的命运从此交到了御史台的手中。

御史台是宋代的监察机构。由于汉代御史台外的柏树山上有很多乌鸦，所以人们便将御史台称为“乌台”，同时也戏称御史们都是“乌鸦嘴”。苏轼这桩诗案，便因送交御史台而被称为“乌台诗案”。

苏轼还在湖中谋划他的新生活、新计划时，奉旨前来拘捕他的朝廷官吏、太常博士皇甫遵已经在路上了。与此同时，另一个通风报信的人也在快马加鞭地行进在京城前往湖州的路上，他要赶在朝廷官吏之前赶到湖州，让苏轼有个心理准备。

这个为苏轼通风报信的人是谁呢？此人是苏轼的朋友、神宗的妹妹蜀国长公主的驸马王诜，官至驸马都尉及定州观察使、利州防御使。王诜擅长山水画，早在京师时就与苏轼交往密切，感情深厚。他一听到朝廷要拘捕苏轼的消息，震惊之余便立刻派人火速通知苏辙。苏辙得知后，如同五雷轰顶，他来不及细想，立刻安排人马飞奔湖州，与朝廷的官吏皇甫遵玩起了一场“龟兔赛跑”。

当时苏辙远在河南商丘，要想赶上朝廷的拘捕队伍，基本是没有希望的。但或许是上苍在冥冥中帮了苏轼一把，皇甫遵的儿子在润州时突然生病，皇甫遵带着儿子四处求医问药，等到病情稍有起色，已经耽误了很长的时间，苏辙的信使终于赶在朝廷官吏之前，将这一不幸的消息传达给苏轼。

苏轼当时正在家中晒书画，尤其对于自己已故表兄文同所画的《筼筜谷》，苏轼视若珍宝。表兄文同，字与可，平生擅长画竹，人称“墨竹大师”。文同死后，苏轼曾写过一篇《文与可画筼筜谷偃竹记》的文章，回忆他高超的画技和高尚的画品。此时，苏轼凝视着画面，回想起从前与表兄在一起谈诗论画和“胸有成竹”的故事，无限怀念之情尽在默默无言之中。

一个满头是汗的仆人闯了进来，苏轼抬头，见是弟弟苏辙家的仆人，还以为兄弟家里出了什么大事，连忙大声询问。当来人上气不接下气地将事情的原委一一道出时，苏轼反而松了一口气，他显得十分平静，普天之下，莫非王土，该来的总是要来，只是不知道自己的罪名究竟有多大，罪责到底有多重。

当皇甫遵带着官差来到湖州时，苏轼正在休假，由祖通判暂时代理太守职务。皇甫遵带着官差气势汹汹地闯入州衙，御史台的军士则身着白衣黑巾，站在一旁瞪目而视。从来文质彬彬的苏轼何曾见过这样的场景？他吓得不敢出去，只好躲在衙门后与祖通判商议对策，祖通判安慰他说：“事已至此，害怕也没有用，你还是出去迎接他们，千万不要躲避官差。”苏轼认为自己既然已经成为朝廷的要犯，那么就不应该身穿官服出去迎接，但祖通判认为苏轼还没有正式确认罪名，应该以太守的身份出迎。

在祖通判的安慰下，苏轼终于怀着忐忑的心情穿上官服，手拿笏板走了出去。见官差们一言不发，苏轼只好怀着紧张的心情开口道：“我知道我冒犯了朝廷，或许难逃一死。我死倒不怕，只求与家人道个别。”

见苏轼这样说，皇甫遵终于开口说了一句极为简短的话：“事情还没有这么严重。”

站在苏轼身后的祖通判突然往前迈了一步，问道：“您可曾带来了皇帝的诏书？”

皇甫遵不认识祖通判，喝了一声：“你是何人？”祖表明身份后，皇甫遵拿出了皇帝的诏书，打开一看，原来只是将苏轼革职进京的一纸普通公文，众人暗暗松了一口气。皇甫遵立刻要将苏轼五花大绑，带回京城。但在临行前，他被获准回家与亲人道别。

苏家老小对于苏轼获罪的反应，史书中没有记载。但苏轼自己却在《东坡志林》中记录了这段告别的过程。面对家人的眼泪，他十分平静地给他们讲了一个故事：宋真宗年间，有人推荐杨朴进京做官，但杨朴志在归隐，不愿入仕，宋真宗只好派人将他押入朝中，问道："听说你会写诗？"杨朴故意掩盖自己的才华，便回答说："我不会。"宋真宗又问："你离开家乡的时候，有没有朋友写诗送你？"杨朴回答说："没有，只有我的妻子写了一首绝句送我。"宋真宗让杨朴将这首诗念给他听，杨朴于是念道：

更休落魄耽杯酒，且莫猖狂爱咏诗。
今日捉将官里去，这回断送老头皮。

宋真宗听完哈哈大笑，便将杨朴放回家去了。

苏轼的夫人王闰之听完这个故事，也破涕为笑。

苏家人也只好打点行装，忍着悲痛送苏轼上路。苏轼的长子苏迈获准陪同父亲前往京城。就这样，一方太守像束手就擒的鸡犬一般被粗暴的官差们呼来喝去，催促着前行。

苏轼刚被押走，苏家大小也收拾行李前往商丘投奔苏辙，没想到在宿州被御史台的差役拦截，翻箱倒柜地将苏轼的诗词文稿搜罗了一番，一家人吓得魂不守舍。苏夫人在抑郁之余，不禁生气地骂道："都是吟诗作赋惹出来的祸事！他得到什么好处呢？我们却被吓得半死！"说着，便将苏轼的手稿大肆焚烧，最后只剩下三分之一没有烧掉。

第二节
涅槃黄州

缺月挂疏桐，漏断人初静。谁见幽人独往来，缥缈孤鸿影。

惊起却回头，有恨无人省。拣尽寒枝不肯栖，寂寞沙洲冷。

——《卜算子·黄州定慧院寓居作》

这首充满寂寥之感的词写于黄州，即今湖北黄冈。经历过“乌台诗案”的苏轼，在惊涛骇浪后迎来了平静而寂寞的生活。这里的生活虽苦，但没有了朝堂之上的明争暗斗；这里虽算不上繁华，但乐观的苏轼却在此处悟出了人生的真谛。

在这里，那只月夜下的孤鸿就是苏轼本人的写照，它孤高自许，不与俗世同流合污；它甘于寂寞，不愿随波逐流；它平静而淡泊，对于生活赐予的一切，早就敞开了博大的胸怀去迎接。

所以黄庭坚评此词说："语意高妙，似非吃烟火食人语，非胸中有万卷书，笔下无一点尘俗气，孰能至此!"

元丰三年（1080年）农历新年，当汴京城还沉浸在节日的喜庆之中时，苏轼却在御史台的差役押送之下，踏上了前往黄州贬所的路程。他的身边只有儿子苏迈徒步相随。回首"乌台诗案"的种种往事，他只能感叹自己劫后余生；想到自己今后的生活，摆在眼前的一系列现实的问题让他皱起了眉头。

但生活总是要继续的。当苏轼于元丰三年二月一日抵达黄州时，这个偏僻萧条的江边小镇用一种极为冷寂的方式欢迎了这个命运多舛的士子。来到这里，苏轼不免会产生一种被遗忘、被弃置的凄凉之感。

此时此刻，苏轼的官衔是责授检校尚书水部员外郎、充黄州团练副使，本州安置、不得签署公事。事实上，前面的一大串名衔都没有任何用处，因为苏轼根本无权参与政事，他相当于一个流放至此的犯官，连人身自由都受到某些限制。

回想当年兄弟二人在京城一举成名，被仁宗皇帝誉为宰相之才的时候，再想想如今兄弟二人共同遭贬谪（苏辙受"乌台诗案"牵连亦被贬官）的凄凉境地，苏轼顿起世事变化无常的感慨。此刻最关键的是，遭受"乌台诗案"的打击后，苏轼需要用怎样的勇气和毅力来承受这人生的巨变，在黄州这个与世隔绝的地方重新寻找到人生的意义呢？

这一切，对于苏轼来说，不是难事。

由于是犯官，苏轼没有自己的居所，只能寓居在黄州城东的一所寺院里。这座寺院名叫定慧院，苏轼父子挤在一间小小的禅房中，与和尚们一起吃斋饭。由于苏轼名满天下，又素来与高僧们交往密切，所以这里的住持和尚将他们视为贵宾，礼遇有加。

这段时间里，苏轼几乎闭门不出，每日蒙头大睡，在昏昏沉沉的睡觉中度过了一段极为难熬的时光。那首充满了孤独寂寞之感却又脍炙人口的《卜算子》就是写于这个时候。也难怪，刚到黄州，苏轼的身边除了儿子苏迈几乎没有任何亲朋好友，形单影只还被限制自由的苏轼，当然像一个缥缈独往来的孤鸿了。

此外，他还在《定惠院寓居月夜偶出》一诗中写道：

幽人无事不出门，偶逐东风转良夜。参差玉宇飞木末，缭绕香烟来月下。江云有态清自媚，竹露无声浩如泻。已惊弱柳万丝垂，尚有残梅一枝亚。清诗独吟还自和，白酒已尽谁能借。不辞青春忽忽过，但恐欢意年年谢。自知醉耳爱松风，会拣霜林结茅舍。浮浮大甑长炊玉，溜溜小槽如压蔗。饮中真味老更浓，醉里狂言醒可怕。但当谢客对妻子，倒冠落佩从嘲骂。

但这段时光很快就过去了，元丰三年（1080 年）四五月间，苏辙带着苏轼一家老小来与哥哥团聚了。苏轼接到这个消息，心态为之一变，他立刻就振奋起来，并在好友的帮助下，将江边水驿站临皋亭边上的回车院重新整修了一番，以此作为全家的栖身之所。为了迎接亲人，他按捺不住激动的心情，便带着苏迈违规出境，以求更早地见到亲人。苏轼在《今年正月十四日与子由别于陈州五月子由复至齐安未至以诗迎之》一诗中这样描写家人相聚的场景：

惊尘急雪满貂裘，泪洒东风别宛丘。
又向邯郸枕中见，却来云梦泽南州。
暌离动作三年计，牵挽当为十日留。
早晚青山映黄发，相看万事一时休。

（柳子厚《别刘梦得》诗云：皇恩若许归田去，黄发相看万事休。〔此注二句诗，上句为柳诗，下句为刘诗，东坡误记，合二为一。〕）

此时此刻，苏轼终于知道，一家人团聚在一起，能够享受天伦之乐，是多么难得的一件事啊。他再也不感到寂寞了，他打起精神，开始观赏身边的山山水水，用一颗热爱自然的心去面对他的新生活了。

比如，他的《初到黄州》，就充满了生活的情趣：

自笑平生为口忙，老来事业转荒唐。
长江绕郭知鱼美，好竹连山觉笋香。
逐客不妨员外置，诗人例作水曹郎。
只惭无补丝毫事，尚费官家压酒囊。

苏辙在黄州陪苏轼住了3天的时间。3天后，苏辙便带着家眷踏上了自己的路途。在送别自己的弟弟苏辙时，苏轼流露出了忧伤与不舍，他在《子由自南都来陈三日而别》一诗中说：

夫子自逐客，尚能哀楚囚。奔驰二百里，径来宽我忧。相逢知有得，道眼清不流。别来未一年，落尽骄气浮。嗟我晚闻道，款启如孙休。至言虽久服，放心不自收。悟彼善知识，妙药应所投。纳之忧患场，磨以百日愁。冥顽虽难化，镌发亦已周。平时种种心，次第去莫留。但余无所还，永与夫子游。此别何足道，大江东西州。畏蛇不下榻，睡足吾无求。便为齐安民，何必归故丘。

宋代对于像苏轼这样被贬谪的犯官有着十分严格的规定，没有经过批准，是决不允许擅自出境的。但苏轼却丝毫不将这种规定放在眼里。他到黄州不久，还私自跟随友人来到大江南岸的武昌（今湖北鄂州）游玩，并且写信告诉别人说：

数日前，率然与（杜）道源过江，游寒溪西山，奇胜殆过所闻！

黄州附近的好山好水，壮美的长江景色，已经让苏轼深深地陶醉其中。他在江枫渔火中忘却了“乌台诗案”带给他的生命创伤；他已经在大自然的美景中重新寻找到了生命的意义，重新燃起生活的热情了。

比如，在诗歌《寓居定惠院之东杂花满山有海棠一株土人不知贵也》一首中，那种山清水秀中跳动的生命热情，已经跃然闪现在苏轼的诗中了：

江城地瘴蕃草木，只有名花苦幽独。嫣然一笑竹篱间，桃李漫山总粗俗。也知造物有深意，故遣佳人在空谷。自然富贵出天姿，不待金盘荐华屋。朱唇得酒晕生脸，翠袖卷纱红映肉。林深雾暗晓光迟，日暖风轻春睡足。雨中有泪亦凄怆，月下无人更清淑。先生食饱无一事，散步逍遥自扪腹。不问人家与僧舍，拄杖敲门看修竹。忽逢绝艳照衰朽，叹息无言揩病目。陋邦何处得此花，无乃好事移西蜀。寸根千里不易致，衔子飞来定鸿鹄。天涯流落俱可念，为饮一樽歌此曲。明朝酒醒还独来，雪落纷纷那忍触。

这首诗中，苏轼以海棠自喻，既展现自己“自然富贵出天姿”，又展现出曾经“天涯流落俱可念”，海棠与诗人，你中有我，我中有你，意象深远，耐人寻味。

到黄州半年后，苏轼彻底被这里的山水美景征服，已经有些乐不思蜀了。当时，苏轼的好友，后来成为苏轼亲家、苏过岳父的范百嘉听说苏轼被贬黄州的遭遇后，写信来劝他说，“你还是返回四川吧，和我一起隐居乡里，我已经在家中修建了一所新的宅邸，你要是回来，我们一起诗酒唱和，如何?”可是苏轼却在回信中说：

临皋亭下八十数步，便是大江，其半是峨嵋雪水，吾饮食沐浴皆取焉，何必归乡哉！江山风月，本无常主，闲者便是主人。闻范子丰新第园池，与此孰胜？所不如君者，上无两税及助役钱耳！

意思是说，我这里风景优美，不远就是长江，每天可以用从峨眉山上流到这里的江水洗澡，又何必返回家乡呢？何况这大自然不是属于一个人的，谁有闲情逸致，谁就是大自然的主人。我听说你盖了新房子，跟我这里相比哪里好呢？我比不上你的地方，不过就是缺少闲钱罢了！

连远在家乡的叔丈王庆源，劝说苏轼回到青神时，苏轼也在回信中展现出一副完全乐不思蜀的姿态：

扁舟草履，放浪山水间，客至，多辞以“不在”，往来书疏如山，不复答也——此味甚佳，生来无此适（意）！

意思是我天天乘船在山水间游玩，有人来拜访我，我就说不在；家中的来信堆积成山，我也不回复他们，这种感觉真好，我还从来没有享受过呢！

后来，司马光也写信来劝说苏轼，“你已经看惯了苏、杭山水和密、徐楼台，黄州不过是僻壤穷乡，没什么意思，何况言多必失，你就别再写什么东西了。”苏轼却在回信中说：

寓居去江干无十步，风涛烟雨，晓夕百变，江南诸山在几席之上，此幸未始有也！

意思是这里风景优美，江山壮丽，一日多变，比江南山水好看多了。当然，苏轼并没有让家中的书信堆积成山，而是多次写信给那些患难之交的朋友，告诉他们，我的生活已经安定下来，我的心境也在日益平复，以便让那些牵挂他的朋友放心。看来，苏轼根本没有汲取“乌台诗案”言多必失的教训，依旧以诗文为生，我行我素，将自己率真的个性发挥得淋漓尽致。

这一时期苏轼所写的书信中，最著名的是《答李端叔书》。在信中，苏轼反省了自己从前的一举一动，也叮嘱对方不要将自己的回信给别人看，但更多的是介绍眼下的生活，苏轼说：

得罪以来，深自闭塞，扁舟草屦，放浪山水间，与樵渔杂处，往往为醉人所推骂，辄自喜渐不为人识。平生亲友，无一字见及，有书与之亦不答，自幸庶几免矣。足下又复创相推与，甚非所望。

意思是说，自从我来到黄州，就将自己藏在山林之中，驾一叶扁舟、穿一双草鞋，和樵夫渔父混迹一处，被醉汉们推来骂去。心中暗喜没有人认识自己。平生结交的亲朋好友也没有一封书信来往，即便他们写信给我，我也没有回复，于是暗自庆幸免除了文字之祸。

吕祖谦曾说，苏轼这段时间经常“乘兴或入旁郡界”，而且整晚不回来。按照当时的规定，苏轼此举是极为不妥的，当地太守多次劝说他，他也当成耳旁风，太守无奈，只好看着苏轼我行我素。

如果说苏轼在黄州有什么不快乐的话，那就是生活的艰辛与贫困让他对妻子充满了歉疚之意。当时，苏轼连低微的薪俸也没有着落，只好过着“贫贱夫妻百事哀”的生活。幸亏王闰之懂得勤俭持家，家中也还有一些积蓄，全家人才没有饿肚子。在后人的记载中，苏轼当时的生活是这样的：

东坡谪齐安（黄州），日用不过百五十。每月朔，取钱四千五百，断为三十块，挂屋梁上，平旦用画叉挑取一块，即藏去。又以竹筒贮用不尽者，以待宾客。云，此贾耘老法也。又与李公择书云：“口腹之欲，何穷之有！每加节俭，亦是惜福延寿之道。”

——罗大经《鹤林玉露》乙编卷五

意思是说，苏轼在黄州时，由于家贫，每天限定只能用 150 个铜钱，为了防止自己多用，只好到每月初的时候拿出 4500 个铜钱，分成 30 等份，每份用线穿好挂在屋梁上，每天取一份使用。如果有没有用完的钱，就用竹筒藏起来，以便有客人来的时候再用。苏轼说：“这是我在杭州时的好朋友贾耘老告诉我的省钱办法。”同时苏轼写信对朋友说：“一个人的口腹之欲是无穷尽的，只有节俭才是长寿之道。”

为了摆脱贫困，苏轼接受了友人马正卿的办法，在城东的数十营地上开荒种粮，自给自足。苏轼将这片坡地定名为“东坡”，自己则亲自下田躬耕，变成地地道道的农夫。他并不感到抑郁，反而乐呵呵地接受了这种农夫的生活，并自号“东坡居士”。

在劳作中，苏轼逐渐体会到生活的艰辛，也同时收获了丰收的喜悦。他结交了不少平民朋友，心态日趋平和。他在这个时候写下的《东坡八首（并叙)》，就是对劳作生活有了深深的体会之后写下的感触与体验：

（其一）

余至黄州二年，日以困匮，故人马正卿哀余乏食，为于郡中请故营地数十亩，使得躬耕其中。地既久荒为茨棘瓦砾之场，而岁又大旱，垦辟之劳，筋力殆尽。释耒而叹，乃作是诗，自愍其勤，庶几来岁之入以忘其劳焉。

废垒无人顾，颓垣满蓬蒿。谁能捐筋力，岁晚不偿劳。独有孤旅人，天穷无所逃。端来拾瓦砾，岁旱土不膏。崎岖草棘中，欲刮一寸毛，喟焉释耒叹，我廪何时高。

(其二)

荒田虽浪莽，高庳各有适。下隰种秔稌，东原莳枣栗。江南有蜀士，桑果已许乞。好竹不难栽，但恐鞭横逸。仍须卜佳处，规以安我室。家童烧枯草，走报暗井出。一饱未敢期，瓢饮已可必。

(其三)

自昔有微泉，来从远岭背。穿城过聚落，流恶壮蓬艾。去为柯氏陂，十亩鱼虾会。岁旱泉亦竭，枯萍黏破块。昨夜南山云，雨到一犁外。泫然寻故渎，知我理荒荟。泥芹有宿根，一寸嗟独在。雪芽何时动，春鸠行可脍。（蜀人贵芹芽脍，杂鸠肉作之。）

(其四)

种稻清明前，乐事我能数。毛空暗春泽，针水闻好语。（蜀人以细雨为雨毛。稻初生时，农夫相语稻针出矣。）分秧及初夏，渐喜风叶举。月明看露上，一一珠垂缕。秋来霜穗重，颠倒相撑拄。但闻畦陇间，蚱蜢如风雨。（蜀中稻熟时，蚱蜢群飞田间，如小蝗状，而不害稻。）新春便入甑，玉粒照筐筥。我久食官仓，红腐等泥土。行当知此味，口腹吾已许。

(其五)

良农惜地力，幸此十年荒。桑柘未及成，一麦庶可望。投种未逾月，覆块已苍苍。农夫告我言，勿使苗叶昌。君欲富饼饵，要须纵牛羊。再拜谢苦言，得饱不敢忘。

(其六)

种枣期可剥，种松期可斫。事在十年外，吾计亦已悫。十年何足道，千载如风雹。旧闻李衡奴，此策疑可学。我有同舍郎，官居在灊岳。（李公择也。）遗我三寸甘，照座光卓荦。百栽倘可致，当及春冰渥。想见竹篱间，青黄垂屋角。

(其七)

潘子久不调，沽酒江南村。郭生本将种，卖药西市垣。古生亦好事，恐是押牙孙。家有十亩竹，无时客叩门。我穷交旧绝，三子独见存。从我于东坡，劳饷同一餐。

(其八)

可怜杜拾遗，事与朱阮论。吾师卜子夏，四海皆弟昆。马生本穷士，从我二十年。日夜望我贵，求分买山钱。我今反累生，借耕辍兹田。刮毛龟背上，何时得成毡。可怜马生痴，至今夸我贤。众笑终不悔，施一当获千。

到了元丰五年二月的时候，苏轼又在东坡一侧修建五间草房。草房建成的时候，天降大雪，苏轼亲自书写了“东坡雪堂”的匾额，又写了一篇《雪堂记》作为纪念。此外，苏轼还写了一首《江城子·梦中了了醉中醒》，将自己比作归隐斜川的陶渊明，表示今后将继续醉心于这种隐居耕读的生活，甚至萌生了在黄州东坡当一辈子农夫的念头：

陶渊明以正月五日游斜川，临流班坐，顾瞻南阜，爱曾城之独秀，乃作斜川诗，至今使人想见其处。元丰壬戌之春，余躬耕于东坡，筑雪堂居之，南挹四望亭之后丘，西控北山之微泉，慨然而叹，此亦斜川之游也。乃作长短句，以《江城子》歌之。

梦中了了醉中醒。只渊明，是前生。走遍人间，依旧却躬耕。昨夜东坡春雨足，乌鹊喜，报新晴。

雪堂西畔暗泉鸣。北山倾，小溪横。南望亭丘，孤秀耸曾城。都是斜川当日景，吾老矣，寄馀龄。

第二年，苏轼的姻亲、朋友王巩遇赦从岭南北归，曾经来黄州与苏轼有过一段时间的聚会。王巩随身带了一个美丽的侍妾，名叫柔奴。她三年来与王巩同甘共苦，无怨无悔。苏轼问她："广南风土应是不好？"柔奴随即回答道："此心安处，便是吾乡。"

苏轼敬佩这个品格超凡的女子，写了一首《定风波》的词歌颂道：

常羡人间琢玉郎，天教分付点酥娘。自作清歌传皓齿，风起，雪飞炎海变清凉。

万里归来年愈少，微笑，笑时犹带岭梅香。试问岭南应不好，却道，此心安处是吾乡。

是呀，此心安处便是吾乡。此时此刻，苏轼也想对着黄州的土地，喊上这么一嗓子。

第三节

绝响赤壁

夜饮东坡醒复醉，归来仿佛三更。家童鼻息已雷鸣。敲门都不应，倚仗听江声。

长恨此身非我有，何时忘却营营。夜阑风静縠纹平。小舟从此逝，江海寄余生。

——《临江仙·夜归临皋》

关于这首词，有一个著名的典故，记录在南宋叶梦得的《避暑录话》中。故事是这样的：东坡在黄州时，有一天与一些客人在江上夜饮，他意气风发，当场吟出了“夜阑风静縠纹平，小舟从此逝，江海寄余生”的诗句，让在座者为之击节叹赏。却没想到第二天，黄州处处传言苏轼昨晚写完这首词后，将自己的衣服鞋帽挂在江边，自己摇着小船长啸而去，不知所踪了。

黄州郡守徐君猷听说后，吓得出了一身冷汗，连忙前去东坡堂拜谒，没想到苏轼正睡在堂上，鼾声如雷，还没有醒来呢。徐君猷那颗悬着的心终于放下了。从此，苏东坡这首词不仅广为流传，苏轼爱睡觉的习惯也为大家所知。

不过这一时期，苏轼已经在黄州的贫贱生活中寻找到了生活的意义，他不再觉得苦闷，而是乐在其中了。这种归隐的思想有段时间曾经多次出现在他的诗歌中，如《哨遍》：

为米折腰，因酒弃家，口体交相累。归去来，谁不遣君归？觉从前皆非今是。露未晞，征夫指予归路，门前笑语喧童稚。嗟旧菊都荒，新松暗老，吾年今已如此！但小窗容膝闭柴扉，策杖看孤云暮鸿飞，云出无心，鸟倦知返，本非有意。

噫！归去来兮，我今忘我兼忘世。亲戚无浪语，琴书中有真味。步翠麓崎岖，泛溪窈窕，涓涓暗谷流春水。观草木欣荣，幽人自感，吾生行且休矣！念寓形宇内复几时？不自觉皇皇欲何之？委吾心、去留谁计？神仙知在何处？富贵非吾志。但知临水登山啸咏，自引壶觞自醉。此生天命更何疑。且乘流遇坎还止。

这首词其实是用词的形式改写陶渊明的《归去来兮》，陶渊明不愿为五斗米折腰，因而毅然辞官回归田园，在家乡过着“采菊东篱下，悠然见南山”的快乐生活。苏轼却将自己在黄州的贬谪生活与陶渊明对比，表达自己对现实失望后退隐田园的情感。

当时，苏轼在黄州有两个住所，一是妻子来黄州时苏轼在临皋亭旁修建的草屋，这是苏轼的日常居所；一个是他在城外的东坡雪堂，通常用来招待各方前来拜访的客人。苏轼每天下地躬耕，来往于两处住所之间，慢慢地踩出了一条泥泞的黄泥路。路边风景优美，苏轼乐此不疲。有一天，苏轼喝醉了，他竟然为这条路写了一篇文章，名为《黄泥坂词》：

出临皋而东骛兮，并丛祠而北转。走雪堂之陂陀兮，历黄泥之长坂。大江汹以左缭兮，渺云涛之舒卷。草木层累而右附兮，蔚柯丘之囱蒨。余旦往而夕还兮，步徙倚而盘桓。虽信美而不可居兮，苟娱余于一眄。余幼好此奇服兮，袭前人之诡幻。老更变而自哂兮，悟惊俗之来患。释宝璐而被缯絮兮，杂市人而无辨。路悠悠其莫往来兮，守一席而穷年。时游步而远览兮，路穷尽而旋反。朝嬉黄泥之白云兮，暮宿雪堂之青烟。喜鱼鸟之莫余惊兮，幸樵苏之我嫚。初被酒以行歌兮，忽放杖而醉偃。草为茵而块为枕兮，穆华堂之清宴。纷坠露之湿衣兮，升素月之团团。感父老之呼觉兮，恐牛羊之予践。于是蹶然而起，起而歌曰月明兮星稀，迎余往兮饯余归。岁既宴兮草木腓，归来归来兮，黄泥不可以久嬉。

此外，他还在临皋亭上写下了这样一段文字：

东坡居士酒醉饭饱，倚于几上，白云左绕，清江右回，重门洞开，林峦岔入。当是时，若有思而无所思，以受万物之备，惭愧！惭愧！

这段话的意思是：酒足饭饱之后，我倚靠在几凳上，幽幽白云在我的左侧环绕，缓缓清江在我的右侧弯曲地流淌，仿佛一道道山门在我的眼前打开，山林间的尘埃随意出入我的房间。我仿佛有所思，而实际上又没有什么心思，心中空荡荡地接受大自然为我准备的一切。此时此刻，我真是惭愧呀，惭愧！

在贫贱的生活中，苏轼积累了很多的生活经验，也创造了很多的生活乐趣。在生活最为窘迫的时候，他与妻子提倡“晚食以当肉”。也就是说，吃饭不按一定的时辰，而要等到非常饥饿的时候再进食，这样即使面对的是十分粗劣的食物，大家吃起来也像吃肉一样香。试过几次之后，苏轼很推崇这种进食法，并把它当成自己“巧于居贫”的方法之一。在他看来，外物是没有好坏之分的，所谓好坏，完全在于自己主观上的感受。这种苦中作乐的精神让苏轼很快就从逆境中走了出来，将痛苦化为愉悦，把焦虑化为和谐。

除了生活上的改变，苏轼的思想境界也发生了很大的改变。作为一个传统知识分子，苏轼理所当然地受到儒家思想的影响，对那种“穷则独善其身，达则兼济天下”的儒家理想有过热烈的追求，他总是怀着“修身齐家治国平天下”的梦想一次次踏上仕途；可是，由于从小受到母亲的影响，苏轼在儒家的外表下有着一颗佛心，他善良仁慈，常常诵读佛经，与一些高僧来往密切，对于生命的轮回以及人生的种种喜怒哀乐有着自己的看法；苏轼最喜欢《庄子》，从小受到庄子齐物思想的影响，渴望那种逍遥游的境界。到了黄州以后，苏轼与当地道士的来往密切起来，道家那种主张个体精神和追求个人养生的观点此时很对苏轼的脾气。所以，此时此刻，在苏轼的思想中，既表现出儒佛道思想因素的同时贯穿，又表现为这三种思想因素的互相矛盾并自我否定。在苏轼的思想中，他常常将这三者统一起来：在仕途平稳的时期，主要以儒家思想为主；在贬谪时期，则主要以佛老思想为主。就像白居易晚年所倡导的那样：修身以儒，治心以佛，养生以道。

在黄州的那段日子，苏轼的主要处世哲学是佛老思想。但他并非全盘接受，而是有所扬弃，最终化为自己独特的精神境界。

就这样，在经历过一段时间的物质与精神上的痛苦后，一个崭新的苏轼已经从苦难中蜕变出来。此时此刻的苏轼，不仅能在优美的山水中感受到生命的美好，还能从苦难的历练中领悟生命的哲思。他变得从容、亲切、旷达。这些性格特色反映到他的诗歌中，则使他的诗文闪耀出智慧的光芒和成熟的魅力。他的诗文境界也因此充满了宁静隽永、淡泊清新的审美情趣。超旷放达已成为他的性格乃至诗文风格的主流色彩，他的创作也因此而升华到一个极其美妙的巅峰。

七月的一个仲夏夜，正是清风徐来、水波不兴的好时刻，苏轼与川籍道人杨世昌秉烛夜游，他们来到赤壁之下，乘上小船，一边喝酒一边欣赏当晚的月景：

壬戌之秋，七月既望，苏子与客泛舟，游于赤壁之下。清风徐来，水波不兴。举酒属客，诵明月之诗，歌窈窕之章。少焉，月出于东山之上，徘徊于斗牛之间。白露横江，水光接天。纵一苇之所如，凌万顷之茫然。浩浩乎如冯虚御风，而不知其所止；飘飘乎如遗世独立，羽化而登仙。

酒喝到一半，他们开始唱歌。由于他的朋友擅长吹箫，苏轼便和着箫声轻轻地哼唱着，歌声感动了所有的人：

于是饮酒乐甚，扣舷而歌之。歌曰："桂棹兮兰桨，击空明兮溯流光。渺渺兮予怀，望美人兮天一方。"客有吹洞箫者，倚歌而和之。其声呜呜然，如怨如慕，如泣如诉；余音袅袅，不绝如缕。舞幽壑之潜蛟，泣孤舟之嫠妇。

苏轼很难过，这首曲子为什么这么悲凉呢？对方在这清风明月之下，突然生出了一段对于人生的感慨：

苏子愀然，正襟危坐，而问客曰："何为其然也？"客曰："'月明星稀，乌鹊南飞。'此非曹孟德之诗乎？西望夏口，东望武昌，山川相缪，郁乎苍苍，此非孟德之困于周郎者乎？方其破荆州，下江陵，顺流而东也，舳舻千里，旌旗蔽空，酾酒临江，横槊赋诗，固一世之雄也；而今安在哉！况吾与子渔樵于江渚之上，侣鱼虾而友麋鹿，驾一叶之扁舟，举匏樽以相属。寄蜉蝣与天地，渺沧海之一粟。哀吾生之须臾，羡长江之无穷。挟飞仙以遨游，抱明月而长终。知不可乎骤得，托遗响于悲风。"

苏轼听了，也心有所感，不过，他所经历过的一切，已经让他完全能从这种人生的感慨中走出来了，于是他安慰道：

苏子曰："客亦知夫水与月乎？逝者如斯，而未尝往也；盈虚者如彼，而卒莫消长也。盖将自其变者而观之，而天地曾不能以一瞬；自其不变者而观之，则物于我皆无尽也。而又何羡乎？且夫天地之间，物各有主，苟非吾之所有，虽一毫而莫取。惟江上之清风，与山间之明月，耳得之而为声，目遇之而成色，取之无尽，用之不竭。是造物者之无尽藏也，而吾与子之所共适。"

听完苏轼的话，他的朋友仿佛被一阵清风吹拂掉所有的抑郁，顿时开心起来：

客喜而笑，洗盏更酌。肴核既尽，杯盘狼藉。相与枕藉乎舟中，不知东方之既白。

有人说，苏轼在《赤壁赋》中的一番对白，其实是过去的苏轼和现在的苏轼在对话，意味着苏轼对于人生的反省和超越。

清代古文家方苞评论这篇文章说："所见无绝殊者，而文境邈不可攀，良由身闲地旷，胸无杂物，触处流露，斟酌饱满，不知其所以然而然。岂惟他人不能模仿，即使子瞻更为之，亦不能如此适调而畅遂也。"的确，此情此景，此文此怀，只有"乌台诗案"后的苏轼独有，只有贬谪黄州后的苏东坡独有。

如果说《前赤壁赋》主要是苏轼人生的对白，那么《后赤壁赋》则主要是对苏轼生活中一幕场景的刻画。通过这一幕，读者才能明白，为什么苏轼能在《前赤壁赋》中摆脱有限的生命对他的束缚，从而达到自由自在的境界：

是岁十月之望，步自雪堂，将归于临皋。二客从予，过黄泥之坂。霜露既降，木叶尽脱。人影在地，仰见明月，顾而乐之，行歌相答。

已而叹曰："有客无酒，有酒无肴，月白风清，如此良夜何？"客曰："今者薄暮，举网得鱼，巨口细鳞，状如松江之鲈。顾安所得酒乎？"归而谋诸妇。妇曰："我有斗酒，藏之久矣，以待子不时之需。"

于是携酒与鱼，复游于赤壁之下。江流有声，断岸千尺；山高月小，水落石出。曾日月之几何，而江山不可复识矣！予乃摄衣而上，履巉岩，披蒙茸，踞虎豹，登虬龙，攀栖鹘之危巢，俯冯夷之幽宫。盖二客不能从焉。划然长啸，草木震动，山鸣谷应，风起水涌。予亦悄然而悲，肃然而恐，凛乎其不可留也。反而登舟，放乎中流，听其所止而休焉。

时夜将半，四顾寂寥。适有孤鹤，横江东来。翅如车轮，玄裳缟衣，戛然长鸣，掠予舟而西也。

须臾客去，予亦就睡。梦一道士，羽衣蹁跹，过临皋之下，揖予而言曰："赤壁之游乐乎？"问其姓名，俯而不答。"呜呼！噫嘻！我知之矣。畴昔之夜，飞鸣而过我者，非子也邪？"道士顾笑，予亦惊寤。开户视之，不见其处。

《后赤壁赋》是《前赤壁赋》的姐妹篇。一样的赤壁景色，却展现出完全不同的境界。一个是秋月下的赤壁，一个是初冬的赤壁；一个主要是赏月之景，一个主要是踏月之乐。相同的是，一样有良朋、佳肴与美酒。作者用详细的笔墨写出了赤壁夜游的意境，包括履巉岩、披蒙茸、踞虎豹、登虬龙以及攀栖鹘之危巢、俯冯夷之幽宫，景物越来越令人心胸开阔、意境高远。当苏轼独自一人登临绝顶时，他为那种“划然长啸，草木震动，山鸣谷应，风起水涌”的场景而产生了忧惧之心。最后，夜游的描写通过一场梦境来结束。此时此刻，苏轼已经分不清楚，仙鹤、道士和自己，哪一个才是真的，哪一个才是梦境了。道士倏然不见，那么我的理想、追求、抱负又在何处呢？

属于苏轼的夜晚，总是诗意盎然的，尤其是在黄州的夜晚，于诗意中往往还渗透着人生的种种哲思。这一次，苏轼夜游，写下了一篇《记承天寺夜游》：

元丰六年十月十二日夜，解衣欲睡，月色入户，欣然起行。念无与为乐者，遂至承天寺寻张怀民。怀民亦未寝，相与步于中庭。庭下如积水空明，水中藻、荇交横，盖竹柏影也。何夜无月？何处无竹柏？但少闲人如吾两人者耳。

哪个晚上没有月亮？什么地方没有竹子和松柏呢？只是少了我们这两个悠闲的人在这里散步罢了。在这里，所谓的闲人，指的是被贬谪的苏轼和同样被贬谪的张怀民。可是，如果不是这被贬谪的命运，他们又怎能看到这么美妙的景色呢？苏轼在自解、自矜、自嘲、自慰中依然充满着对生活的无限热情。

苏轼曾经这样精辟地评论自己的文学创作：

吾文如万斛泉源，不择地皆可出。在平地，滔滔汩汩，虽一日千里无难。及其与山石曲折，随物赋形，而不可知也。所可知者，常行于所当行，常止于不可不止，如是而已矣！其他，虽吾亦不能知也。

——《文说》

意思是说，我的文思就像有一万斛水的泉源一样，随时随地都可以涌出。在平地上则如汩汩流水，可以一天流淌千里。等到它随着山势弯曲时，它就可以随着遇到的事物随意变换形式，这些都是我自己不能预料的。我只知道在我的文思涌来的时候继续，在它不得不停止的时候停止。

除此之外，苏轼还说过另外一段话：

夫昔之为文者，非能为之为工，乃不能不为之为工也。山川之有云雾，草木之有华实，充满勃郁，而见于外，夫虽欲无有，其可得耶？

——《江行唱和集序》

这段话的意思是说，我的文章都是在无意中写出来的，我没有说一定要将它写得多好，也没有刻意写得不好，只不过顺其自然罢了。就好比山川有云雾，草木结果实，都是自然而然的事情。

的确，苏轼的文章都是真情的流露，都是自然的写照，连他自己都不受限制。文思一旦奔腾起来，苏轼本人挡都挡不住。就好比在赤壁这个地方，继前、后《赤壁赋》之后，苏轼再一次提起笔来歌颂这壮丽的山川。不过这一次，他选择的是填词的方式，于是就有了那首千古传诵的《念奴娇·赤壁怀古》。

大江东去，浪淘尽，千古风流人物。故垒西边，人道是：三国周郎赤壁。乱石穿空，惊涛拍岸，卷起千堆雪。江山如画，一时多少豪杰。

遥想公瑾当年，小乔初嫁了，雄姿英发。羽扇纶巾，谈笑间、樯橹灰飞烟灭。故国神游，多情应笑我，早生华发。人生如梦，一樽还酹江月。

第八章 常州无忧的短暂时光

“江南好，千钟美酒，一曲满庭芳。”如果能选择，我愿醉生于如花似梦的江南，哪怕只有短短的一瞬，也如神仙般快活。

第一节
游庐山

元丰七年四月一日，余将去黄移汝，留别雪堂邻里二三君子，会李仲览自江东来别，遂书以遗之。

归去来兮，吾归何处？万里家岷峨。百年强半，来日苦无多。坐见黄州再闰，儿童尽、楚语吴歌。山中友，鸡豚社酒，相劝老东坡。

云何，当此去，人生底事，来往如梭。待闲看秋风，洛水清波。好堂前细柳，应念我，莫剪柔柯。仍传语，江南父老，时与晒渔蓑。

——《满庭芳》

这首词是苏轼作别黄州父老的词。当苏轼终于结束在黄州五年的贬谪生活时，他没有欣喜若狂，反而有些恋恋不舍。在他与当地父老依依惜别之情中，依然夹杂着复杂的情感，既有对前途的无法把握，也有对人生际遇的旷达与超然。

没有人会留恋自己的贬谪生涯，但苏轼是个例外，因为他随遇而安的个性已经使他宠辱不惊，他热爱每一块他生活过的土地，他热爱每一位他日日相伴的友邻。

赤壁作赋吟诗后，苏轼有一段时间健康状况一直不太好。他最先患上的是疮疖，病情严重时，疼痛难耐竟至卧病不出。后来，由于风火之毒上升，苏轼的右眼肿了起来，几乎失明，不仅不能出门，而且连荤腥也不能吃。这对于苏轼来说简直太痛苦了，不能出门也就算了，可以在家中看看书，与家人共享天伦之乐，何况，自己本来就是一个爱睡觉的人；但是不能吃荤腥对于苏轼这样的美食家来说实在太痛苦，他常常管不住自己的嘴巴。惆怅之余，他只能埋怨道：又不是嘴巴病了，为什么眼睛病了却不许嘴巴吃好吃的呢？这岂不是不公平吗？

为了排遣寂寞，苏轼大多数时间都在僧舍打坐静养。由于他长期闭门不出，久而久之，谣言也就传出去了。有人说，苏轼得了重病，卧床不起，已经奄奄一息了；也有人说，苏轼早就病死了！

这话传到御史台的那些人耳中，他们大为高兴，认为终于不费吹灰之力拔掉了眼中钉、肉中刺。但传到了苏轼一个好友耳中，此人不禁痛哭失声，以为苏轼真的死了，后来得知真相后，才放下心来。最为奇特的是，这个谣言居然传到了宫中，连宋神宗都知道了。据说他当时正在吃饭，听到这个消息后连声叹息着：人才难得！人才难得！一碗饭还没有吃完，宋神宗已经放下饭碗走开了。

尽管这个谣言最后烟消云散，宋神宗也得知了事情的真相，但苏轼的际遇并没有因此而改变。元丰七年正月的一天，苏轼突然接到了神宗皇帝的亲书手札：

苏轼黜居思咎，阅岁滋深；人才实难，不忍终弃。

此诏令将苏轼改授汝州（今河南临汝）团练副使，本州安置，不得签书公事。这样看起来，苏轼依然过着形同囚徒一样的犯官生活，只是改变了一下地方，从黄州移到离京城较近的州郡。这对于苏轼来说，有什么意义呢？

实际上，神宗此举大有深意，皇帝亲下手诏量移逐臣，本来就意味着对苏轼的眷顾超过旁人；移到离京城更近的地方，便是为将来的起用埋下极为重要的伏笔。

苏轼虽然对黄州有万般不舍，但他不忍拂逆皇上的一片好意。在黄州打点了一段时间，他终于决定带着一家人离开黄州，踏上漂泊之旅。

此行的路途是一路北上，但苏轼却沿着长江东行，走运河水路北上。因为他想顺道经过几个重要的地方，拜访几位重要的友人。而庐山，就是他此行的一个重要的地点。

庐山风景秀丽，恍如仙境，神话传说多得不可胜数，历代文人墨客在这里留下了众多的诗句。苏轼在江南待过很多地方，唯独没有去过江西，他慕名已久，早就希望一睹庐山的真面目了。此行有机会游览庐山，苏轼的心情非常兴奋。

这次上庐山，苏轼是在和尚参寥和一帮朋友的陪同下前往的，他们由南麓正面上山，一路上奇峰异石，茂林修竹。足迹所到之处，景色也发生了变化，时而苍翠深谷，时而是峭壁陡崖，让人应接不暇，叹为观止。为了好好欣赏这一番美景，苏轼一开始便与朋友们约定：此行决不作诗。

然而，苏轼的生活中离了诗怎么行呢？即便他自己不想作诗，也挡不住诗兴的流淌。

当苏轼游览庐山的消息传遍庐山上下时，山中的僧侣都非常希望一睹这位才华横溢的大才子的真面目，他们纷纷奔走相告，这让苏轼受宠若惊，他没有想到自己一个贬谪之人，在僧侣们的心中竟然有这么高的地位。兴奋之余，他马上吟出了《初入庐山三首》：

(其一)

青山若无素，偃蹇不相亲。

要识庐山面，他年是故人。

(其二)

自昔怀清赏，神游杳蔼间。

如今不是梦，真个在庐山。

(其三)

芒鞋青竹杖，自挂百钱游。

可怪深山里，人人识故侯。

到了庐山，苏轼自然会想起李白那首脍炙人口的《望庐山瀑布》，他与身边的友人谈论起李白的身世和遭遇，心情也就越发兴奋起来，词水诗泉就这样从苏轼的胸中绵延不绝地流了出来。

在《过庐山下》一诗中苏轼写道：

乱云欲霾山，势与飘风南。群侪相应和，勇往事骖驔。可怜荟蔚中，时出紫翠岚。雁没失东岭，龙腾风西龛。一时供坐笑，百态变立谈。暴雨破块圠，清飙扫浑酣。廓然归何处，陋矣安足戡。亭亭紫霄峰，窈窈白石庵。五老数松雪，只溪落天潭。虽云默祷应，已有移文惭。

此外，苏轼还为庐山当地的僧侣写了赠诗，如《赠东林总长老》：

溪声便是广长舌，山色岂非清净身；
夜来八万四千偈，他日何如举似人。

庐山瀑布历来出名，苏轼此行最不想错过的就是庐山瀑布，他想亲自看一看，李白诗中“飞流直下三千尺，疑是银河落九天”的场景究竟是不是实写，而当他真正见识到气势恢宏的庐山瀑布时，他却在瀑布亭上留下了一首与李白风格迥异的七言绝句——《瀑布亭》：

庐山烟雨浙江潮，未到千般恨不消；

到得还来无别事，庐山烟雨浙江潮。

当然，苏轼游庐山最为著名的诗句还是那首充满哲理的《题西林寺壁》：

横看成岭侧成峰，远近高低各不同。

不识庐山真面目，只缘身在此山中。

与李白的诗歌相比，苏轼此诗并没有用高度概括的语言描写庐山的壮丽景色，而是即景说理，谈论自己游山的体会。对于庐山这座丘壑纵横、峰峦起伏的大山来说，游人的位置不同，各自看到的景物也就不同了，现代有几种移步换景的写法，苏轼用一句诗歌就表达了出来。

可是对于游客来说，为什么不能辨认庐山的真实面目呢？真正的原因就是——身在庐山之中，视野为庐山的峰峦所局限，看到的只是局部，当然就带有片面性了。看似平淡的语句后面其实有着丰富的内涵。对于人们来说，万事万物，由于人们所处的位置不同或者看问题的出发点不同，他们对客观事物的了解难免具有片面性。要想认识事物的真相，就要跳出这些局限，到更广阔的世界里去感受，用更广阔的胸怀去对待。

这就是苏轼的境界。

后来，苏轼路过江西湖口石钟山时，又在《石钟山记》中对这种境界加以解释：

元丰七年六月丁丑，余自齐安舟行适临汝，而长子迈将赴饶之德兴尉，送之至湖口，因得观所谓石钟者。寺僧使小童持斧，于乱石间择其一二扣之，硿硿焉。余固笑而不信也。至莫夜月明，独与迈乘小舟，至绝壁下。大石侧立千尺，如猛兽奇鬼，森然欲搏人；而山上栖鹘，闻人声亦惊起，磔磔云霄间；又有若老人咳且笑于山谷中者，或曰此鹳鹤也。余方心动欲还，而大声发于水上，噌吰如钟鼓不绝。舟人大恐。徐而察之，则山下皆石穴罅，不知其浅深，微波入焉，涵淡澎湃而为此也。舟回至两山间，将入港口，有大石当中流，可坐百人，空中而多窍，与风水相吞吐，有窾坎镗鞳之声，与向之噌吰者相应，如乐作焉。因笑谓迈曰："汝识之乎？噌吰者，周景王之无射也；窾坎镗鞳者，魏庄子之歌钟也。古之人不余欺也！"

事不目见耳闻，而臆断其有无，可乎？郦元之所见闻，殆与余同，而言之不详；士大夫终不肯以小舟夜泊绝壁之下，故莫能知；而渔工水师虽知而不能言。此世所以不传也。而陋者乃以斧斤考击而求之，自以为得其实。余是以记之，盖叹郦元之简，而笑李渤之陋也。

在这片考察性的游记中，苏轼通过对石钟山得名由来的探究重申道：认识事物的真相必须"目见耳闻"，单凭主观臆断，是得不出真实的答案的。

第二节
别汝州

(其一)

水垢何曾相受，细看两俱无有。

寄语揩背人，尽日劳君挥肘。

轻手，轻手！居士本来无垢。

(其二)

自净方能净彼，我自汗流呀气。

寄语澡浴人，且共肉身游戏。

但洗，但洗！俯为人间一切。

——《如梦令》

苏东坡的这两首《如梦令》，将浓浓的生活情趣和一语双关的禅意结合在一起，细细读来，却是东坡居士对自身品格的一番表白。

两首词都是写洗澡。第一首的意思是，我经常来这里洗澡，多谢你每次为我服务。不过今天你不要那么费力地为我搓背了，因为我这个东坡居士身上本来就没有尘垢啊。第二首的意思是：自己干净才能让别人干净，我们的这具肉身，不过是在人间的游戏工具罢了，不要那么斤斤计较，洗吧洗吧，我要洗的不是自己的这个肉身，而是天下人、人世间啊。

或许这就是苏轼的人生，不仅要自己干净，还要“俯为人间一切”，让这个世界都变得洁净。

离开金陵后，当王安石的身影消失在长江的烟雾之中时，苏轼开始认真地考虑王安石让他卜居金陵的建议了。江南风景美丽，自己是个南方人，在江南生活的时间长，在那里结交了不少朋友，如今已是人到中年，能和老友们在山清水秀的江南诗文唱和，天清气朗之时去郊外踏青，细雨蒙蒙时在屋中赏雨，生活惬意，享受一段闲适人生，又何乐而不为呢？

何况，从一开始，苏轼就不愿移居汝州，只是因为不忍拂逆神宗皇帝的一片好意，才勉强带着家眷前行。与王安石见面后，苏轼更不想去汝州了，他欣然接受了卜邻之约，开始筹划着在江南生活。一些朋友也纷纷给苏轼出主意，希望他向朝廷上表，要求改换一个安置的地方，留在江南。考虑再三之后，苏轼将自己的安身立命之所选在了常州宜兴。因为当年苏轼在杭州任通判时，曾经在常州买过一些田地，一位朋友还帮助苏轼在常州购置了一座小农庄，这样既有住所，又有田地，苏轼就足以养活自己，再也没有后顾之忧，可以安安稳稳地做他的“田舍翁”了！这样决定之后，苏轼一边带着家眷缓缓北上，一边写了一篇《乞常州居住表》上呈，希望朝廷能够恩准他的要求：

臣轼言。臣闻圣人之行法也，如雷霆之震草木，威怒虽甚，而归于欲其生；人主之罪人也，如父母之谴子孙，鞭挞甚严，而不忍致之死。臣漂流弃物，枯槁余生。泣血书词，呼天请命。愿回日月之照，一明葵藿之心。此言朝闻，夕死无憾。臣轼诚惶诚恐，顿首顿首。臣昔者尝对便殿，亲闻德音。似蒙圣知，不在人后。而狂狷妄发，上负恩私。既有司皆以为可诛，虽明主不得而独赦。一从吏议，坐废五年。积忧薰心，惊齿发之先变；抱恨刻骨，伤皮肉之仅存。近者蒙恩量移汝州，伏读训词。有“人材实难，弗忍终弃”之语。岂独知免于缧绁，亦将有望于桑榆。但未死亡，终见天日。岂敢复以迟暮为叹，更生侥觊之心。但以禄廪久空，衣食不继。累重道远，不免舟行。自离黄州，风涛惊恐，举家重病，一子丧亡。今虽已至泗州，而赀用罄竭，去汝尚远，难于陆行。无屋可居，无田可食，二十余口，不知所归，饥寒之忧，近在朝夕。与其强颜忍耻，干求于众人；不若归命投诚，控告于君父。臣有薄田在常州宜兴县，粗给饘粥，欲望圣慈，许于常州居住。又恐罪戾至重，未可听从便安，辄叙微劳，庶蒙恩贷。臣先任徐州日，以河水浸城，几至沦陷。臣日夜守捍，偶获安全，曾蒙朝廷降敕奖谕。又尝选用沂州百姓程棐，令构捕凶党，致获谋反妖贼李铎、郭进等一十七人，亦蒙圣恩保明放罪。皆臣子之常分，无涓埃之可言。冒昧自陈，出于穷迫。庶几因缘侥幸，功过相除。稍出羁囚，得从所便。重念臣受性刚褊，赋命奇穷。既获罪于天，又无助于下。怨仇交集，罪恶横生。群言或起于爱憎，孤忠遂陷于疑似。中虽无愧，不敢自明。向非人主独赐保全，则臣之微生岂有今日。伏惟皇帝陛下，圣神天纵，文武生知。得天下之英才，已全三乐；跻斯民于仁寿，不弃一夫。勃然中兴，可谓尽善。而臣抱百年之永叹，悼一饱之无时，贫病交攻，死生莫保。虽凫雁飞集，何足于江湖，而犬马盖帷，犹有求于君父。敢祈仁圣，少赐矜怜。臣见一面前去，至南京以来，听候朝旨。干冒天威，臣无任。

第二年二月，苏轼又写了一封《再上乞常州居住表》，再一次言辞恳切地请求神宗皇帝能够满足他的心愿，让他在江南终老此生。功夫不负有心人，过了一个月，苏轼终于接到朝廷的诏令，批准他乞居常州的请求，但他仍以检校尚书水部员外郎、团练副使的职务在常州居住，而且不得签署公事。

收到诏令后的苏轼欣喜若狂，他以为自己可以回到美丽富饶的宜兴，在这里度过自己安静闲适的后半生了；但是，想起自己年少时建功立业、以身报国的理想，苏轼又不禁有些黯然神伤，心情变得十分矛盾。在这种矛盾的心情中，苏轼带着全家老小踏上了前往常州的道路，与此同时，他还写了一首《满庭芳》词，表达此时此刻的矛盾心情：

恩放归阳羡，复作一篇

归去来兮，清溪无底，上有千仞嵯峨。画楼东畔，天远夕阳多。老去君恩未报，空回首、弹铗悲歌。船头转，长风万里，归马驻平坡。

无何。何处有，银潢尽处，天女停梭。问何事人间，久戏风波。顾谓同来稚子，应烂汝、腰下长柯。青衫破，群仙笑我，千缕挂烟蓑。

而此时，神宗皇帝刚刚去世，一个新的时代即将到来，苏轼的命运在短暂的安定之后即将被改写。

第三节

居常州

（其一）

十年归梦寄西风，此去真为田舍翁。剩觅蜀冈新井水，要携香味过江东。

（其二）

道人劝饮鸡苏水，童子能煎莺粟汤。暂借藤床与瓦枕，莫教辜负竹风凉。

（其三）

此生也觉都无事，今岁仍逢大有年。山寺归来闻好语，野花啼鸟亦欣然。

——《归宜兴，留题竹西寺三首》

从苏轼刚到常州所作的这几首诗来看，这里有鸡苏水、莺粟汤、藤床瓦枕、野花啼鸟，苏轼真的是打算在这里度过后半辈子的悠闲时光了。

人逢喜事精神爽。苏轼于元丰八年（1085 年）五月启程前往常州，便遇上了淮浙间的丰收年，他一方面为退休获准而高兴，另一方面也为江南百姓获得丰收而欢欣。这种心情流露到诗歌中，使得这三首小诗充满了一种轻松自在的笔调，苏轼那种得偿所愿的喜悦以及获得解脱后的闲适、放达的情怀，跃然纸上。

苏轼与常州的缘分最早可以追溯到宋仁宗嘉祐二年（1057 年）的“鸡黍之约”。苏轼进京赶考、进士及第那年，曾经在一次琼林宴会上认识了常州出生的同年蒋颖叔（之奇）、单锡以及胡宗夫。听到他们介绍江南的美景后，苏轼在一首诗歌中表达了他希望日后卜居常州的愿望，这首诗就是《次韵蒋之奇》：

月明警鹊未安枝，一棹飘然影自随；江上秋风无限浪，枕中春梦不多时。琼林花草闻前语，罨画溪山指后期；岂敢便为鸡黍约，玉堂金殿要论思。

这只是当时苏轼的酒后戏言，胸怀天下的苏轼并没有将此事放在心上，那些来自常州的好友也没有责怪苏轼没有履行这个约定。后来，苏轼又逐渐结识了常州的钱公辅、钱世雄父子、胡修仁、报恩寺长老等友人。胡修仁后来还成为苏轼的女婿，两人关系更加亲密，苏轼每次去常州，都要住在胡修仁家中。

“乌台诗案”后，苏轼的政治梦想破灭，退隐田园、躬耕自给的愿望逐渐强烈起来，这个时候，他想起了“鸡黍之约”，想起了常州优美的自然风光和那帮莫逆之交的朋友。最终，苏轼在自己的努力下得偿所愿。

苏轼率全家几经周折，终于于元丰八年五月来到了这片令苏轼为之朝思暮想的土地。走在青山绿水之间，苏轼心情非常愉快，他很快就游遍了常州城景，写下了许多诗文，其中较为著名的有《与孟震同游常州僧舍三首》：

(其一)

年来转觉此生浮，又作三吴浪漫游。

忽见东平孟君子，梦中相对说黄州。

(其二)

湛湛清池五月寒，小山无数碧巑岏。

稺杉戢戢三千本，且作凌云合抱看。

(其三)

知君此去便归耕，笑指孤舟一叶轻。

待向三茅乞灵雨，半篙流水赠君行。

可以看出，苏轼此时的心情是非常愉快的，暂时抛却了世事的烦恼，忘却了黄州的窘迫，苏轼的步伐显得从容而淡定。面对未来的生活，他用“笑指孤舟一叶轻”的心态做了最好的总结。

又如《常州太平寺观牡丹》一首：

武林千叶照观空，别后湖山几信风。自笑眼花红绿眩，还将白首看鞓红。

还有《小饮公瑾舟中》一首：

青泥赤日午相烘，走访船窗柳影中。
辍我东坡无限睡，赏君南浦不赀风。
坐观邸报谈迂叟，闲说滁山忆醉翁。
此去澄江三万顷，只应明月照还空。

与黄州的生活比起来，闲居常州的苏轼生活得超然、闲逸。这份超然、闲逸固然取决于他的心情，但也与常州的平静、富庶、朋友众多有着十分密切的关系。

常州离镇江很近，苏轼常常去金山寺拜访佛印。佛印是个高僧，与苏轼性情相合，意气相投。两人经常聚在一起谈论佛法。

有一天，苏轼前往金山寺拜访佛印，他事前曾经写信告诉了对方，并在信中说：“不必出山，当学赵州上等接人。”意思是希望佛印也像赵州禅师一样，以本来面目来迎接自己，不用多礼出山门。佛印听说苏轼要来，按捺不住内心的喜悦，很早就下山迎接苏轼。苏轼看见佛印禅师身披袈裟亲自在山门候迎，便笑着问他为什么下山。

佛印心想，赵州禅师接人面对的是权贵，而自己下山迎接的是朋友，这怎么能一样，于是他灵机一动，回答道："赵州昔日少谦光，不出山门迎赵王；怎知金山无量相，大千世界一禅床。"

意思是说：你以为我特地到外面来迎接你的吗？那你就大错特错了，我的金山寺这么大，我把大千世界当成自己的禅床了，所以，我不是下山接你，而是在禅床上睡觉等着你呢！

有一次，佛印与苏轼共同去拜访常州报恩寺长老。当长老十分热情地将二人迎入房中时，苏轼突然产生了一个想法，他觉得自己今后将在常州定居，应该赠送点东西给报恩寺，以表达全家人的心意。这样想着，他决定将 14 年前从京城调往杭州任通判时神宗皇帝御赐给他的玉带送给报恩寺。

当苏轼将自己的心愿说出来时，佛印觉得很奇怪：同是佛寺，为什么苏轼偏偏不将宝物送给金山寺，而要赠予报恩寺呢？

当报恩寺长老询问苏轼所捐献的宝物为何物时，苏轼用手按住了肚子，正准备开口。没想到佛印却一把拉住他，一脸歉意地对报恩寺长老说："罪过，罪过，我们刚才吃了不洁之物，肚子有些不舒服，请容我们出去方便一下。"说着，便将莫名其妙的苏轼拉了出去。

佛印见四处无人，这才问道："你的宝物是否为玉带？"苏轼点点头说："佛门无争，我已决心捐给报恩寺了。"

没想到佛印一脸严肃地说：“这条玉带你已经送给金山寺了，难道你忘了吗？”看着苏轼一头雾水，佛印又说道：“前几天你不是亲手将玉带抛在金山寺中的溪水里了吗？”

苏轼这才恍然大悟。原来，前段时间苏轼在金山寺游玩，见四周风景优美，不禁兴高采烈，开怀解带，他一不小心将玉带掉进了河中，还是佛印帮他捞上来的。

佛印又说道：“玉带捐给谁，我不强求，今天我出个题目，你要是答出来了，这条玉带就算与金山寺无缘，你就送给报恩寺好了。”苏轼心想：有什么题目可以难倒我呢？他毫不犹豫地答应了。

回到佛寺中，佛印开始出题了。只见他对苏轼说道：“这里没有你坐的地方。”苏轼回答说：“既然没坐的地方，那我就暂且借方丈的‘四大’一坐。”

佛印一听，便笑着逼问道：“出家人四大皆空，五蕴非有，请问东坡居士何处坐？”苏轼听了，想了半天也没有答上来，只得认输，将玉带送给了金山寺。苏轼无奈之下，另外写诗赠予报恩寺长老——《赠常州报恩长老》：

碧玉碗盛红玛瑙，井花水养石菖蒲。
也知法供无穷尽，试问禅师得饱无。
荐福老怀真巧便，净慈两本更尖新。
凭师为作铁门限，准备人间请话人。

第九章 卷土重来的喜乐哀愁

“人皆养子望聪明，我被聪明误一生。惟愿孩儿愚且鲁，无灾无难到公卿。”懂得人世艰辛，才会有这样透彻极端的期望。

第一节
登州海市

东方云海空复空，群仙出没空明中。
荡摇浮世生万象，岂有贝阙藏珠宫。
心知所见皆幻影，敢以耳目烦神工。
岁寒水冷天地闭，为我起蛰鞭鱼龙。
重楼翠阜出霜晓，异事惊倒百岁翁。
人间所得容力取，世外无物谁为雄。
率然有请不我拒，信我人厄非天穷。
潮阳太守南迁归，喜见石廪堆祝融。
自言正直动山鬼，岂知造物哀龙钟。
伸眉一笑岂易得，神之报汝亦已丰。
斜阳万里孤鸟没，但见碧海磨青铜。

新诗绮语亦安用，相与变灭随东风。

——《登州海市》

苏轼永远也猜不透自己的命运，他不知道自己为什么会离开黄州，也不知道自己为什么又从眷念的常州来到了登州。他沿着命运为他安排的道路一步步地朝前走，只是这沿途中的风景，他绝不会错过。

就像这登州的海市蜃楼，仿佛早就在冥冥中等待着他的到来一样。

苏轼曾经在这首诗的序中写道："予闻登州海市旧矣。父老云常出于春夏，今岁晚不复见矣。予到官五日而去，以不见为恨，祷于海神广德王之庙，明日见焉，乃作此诗。"

意思是说，我很久以前就听说登州的海市蜃楼，当地的老人说，这一景象常在春夏出现，但今年迟迟没有发生。我到那里观察了五日后离开，因为没有这一奇观而感到遗憾，于是我来到海神广德王之庙祈祷，结果第二天就见到了奇观，于是就作了这首诗。

苏轼是怎么来到登州任知州的呢？让我们回到那个瞬息万变的朝政中重新感受苏轼的人生吧。

当苏轼打定主意在常州定居时，朝政已经发生了天翻地覆的变化。宋神宗元丰八年（1085年）三月五日，神宗病逝，年仅十岁的哲宗不能亲政。应群臣的请求，神宗的母亲高太后垂帘听政。高太后是个坚定的变法反对派，所以她听政后所做的第一件事，就是启用司马光。在她的坚持下，三月十七日司马光应诏入京，五月二十六日拜门下侍郎（副宰相），第二年（元祐元年，1086 年）出任尚书左仆射兼门下侍郎，正式拜相。

司马光已经在朝中身居要职，亲朋好友们纷纷猜测，起用苏轼的日子应该快到了。果然，就在元丰八年（1085 年）的六月下旬，苏轼接到了朝廷的诏令：以朝奉郎起知登州（今山东蓬莱）军州事。这一纸诏令等于解除了苏轼多年来的犯官身份，苏轼全家人当然欣喜若狂。

就这样，在对常州的万般不舍和留恋中，苏轼带着家眷于同年七月下旬启程前往登州，行程结束时已经是十月秋寒的日子了。

登州的军民对于苏轼的到来十分喜悦，面对满眼都是殷切希望的山东父老，苏轼许下了“当勉力而行，不负众望”的诺言。于是，他说干就干，上任开始便马不停蹄地开展工作，同时做了广泛的社会调查。

到任仅五天，苏轼就发现了登州当地的一个怪现象：原来，登州沿海一带地瘠民贫，老百姓以煮盐为生，但是按照当时的政策，老百姓所产的盐只能卖给官家，再由官家卖给百姓，买进来的价格很低，卖出去的价格却很高，钱都被官府拿走了，老百姓依然十分贫困。苏轼了解到这种情况后，忧心如焚，立即写了一篇《乞罢登莱榷盐状》提交朝廷，反映情况。当苏轼的请求得到朝廷的同意后，他立马革除了弊政，做了一件利国利民的大好事。

此外，作为管理军事的官员，苏轼来到登州后立即深入兵营，视察海防，了解当地的防卫情况。针对其中的一些问题，苏轼写下了《登州召还议水军状》，要求在当地加强武备。

不过，苏轼在登州的时间实在太短暂了，当他正准备大展宏图、尽心尽力为登州百姓办实事却还没来得及动手的时候，他已经接到了朝廷召还的诏令。按照诏令，苏轼必须立刻返回京城。

登州是“山海名邦”，但是苏轼刚到登州，又将匆匆离去了。他办好政务移交手续后，便趁回京前有限的几天闲暇时间游山玩水。由于时间短暂，苏轼在登州没有留下太多的诗文，却留下一首千古绝唱——《登州海市》，算是苏轼留给蓬莱的一笔巨大的文化财富。

第二节

再次燃烧

(其一)

竹外桃花三两枝，春江水暖鸭先知。

蒌蒿满地芦芽短，正是河豚欲上时。

(其二)

两两归鸿欲破群，依依还似北归人。

遥知朔漠多风雪，更待江南半月春。

——《惠崇春江晚景二首》

从登州回到京城后，苏轼写了这首诗。诗中描写的初春景色虽然是画中之景，但其实也是苏轼心中之景，此时此刻，他的心中一片春光明媚。

也难怪他这么开心，因为从当代学者康震所整理的苏轼升迁的时间表中可以看出，苏轼的这段日子，简直可以用青云直上来形容：

宋神宗元丰八年（1085 年），苏轼五十岁。

三月五日，神宗病逝，哲宗即位。

五月六日，苏轼被任命为朝奉郎、登州知州，官阶七品。

九月十八日，苏轼被任命为礼部郎中，官阶六品。负责朝廷的礼仪、祭祀、科举等事务。

十二月十八日，苏轼被任命为起居舍人，官阶六品。

宋哲宗元祐元年（1086 年），苏轼五十一岁。

三月十四日，免试为中书舍人，官阶四品。

九月十二日，被任命为翰林学士、知制诰，官阶正三品。皇帝特赐给他官服一套，金腰带一条，金镀银鞍辔马一匹。

从元丰八年（1085 年）的五月到元祐元年（1086 年）的九月，短短的十七个月里，苏轼便从一个地处偏远之州的犯官一路直升到三品大员，提升了六个品级，飞跃了十二个官阶，距离宰相只有一步之遥！

——（摘自《康震评说苏东坡》）

官做到这个位置，已是位极人臣了，苏轼心满意足，而且，他还成为哲宗皇帝的经筵侍读，也就是帝王之师，这对于传统知识分子来说，是何等荣耀啊！不过，经历了“乌台诗案”、黄州贬官、常州闲居后的苏轼，已经能够平静地对待眼前的一切了。此时此刻，他反而变得非常冷静，用一双睿智的眼睛打量着人生的荣辱成败。

这时候，苏轼变得十分忙碌，他需要起草很多的诏令，需要批复太多的奏章，需要选择有意义的教材，为当时年少的哲宗皇帝讲述历代的兴亡更替，从而帮助他辨别正邪，匡正得失。对于眼前的忙碌生活，苏轼显得很是开心，他在《卧病逾月请郡不许复直玉堂十一月一日锁院是日苦寒诏赐宫烛法酒书呈同院》一诗中写道：

微霰疏疏点玉堂，词头夜下揽衣忙。
分光御烛星辰烂，拜赐宫壶雨露香。
醉眼有花书字大，老人无睡漏声长。
何时却逐桑榆暖，社酒寒灯乐未央。

夜静更深，苏轼还在忙碌着，但毕竟年纪大了，熬夜的时间一长，只觉得腰酸背痛，眼花缭乱，再也打不起精神来了。什么时候才可以回到常州那种自由自在的生活中，去享受“偷得浮生半日闲”的轻松快意呢？

在这里，苏轼表面上是在抱怨朝政繁忙让自己失去了自由和闲适人生，但实际上是在展现他对眼下的生活乐在其中，他将在宫中值夜班的环境写得如此美好，此情此景，哪怕再累，苏轼也是舒心的。

何况，只要是天寒地冻的日子，太皇太后和皇上都会非常关切地差人给他送来宫烛与热酒，以示慰问。这些举动更让他感到暖意融融，在纷繁芜杂的工作中，他连写诗的时间都少了很多。有一次，一位同僚邀请苏轼写一篇《塔记》，但苏轼忙于起草各种文件，只好一拖再拖，最后只得写信请求对方谅解：

某启。辱教，伏承台候万福，为慰。《塔记》非敢慢，盖供职数日，职事如麻，归即为词头所迫，卒以半夜乃息，五更复起，实未有余暇。乞限一月，所敢食言者有如河，愿公一笑而恕之。旦夕当卜一邂逅而别。

——《答鲁子宣三首（之三）》

这段话的意思是说，对不起，朋友，我不是故意拖延不写《塔记》，而是因为政务繁忙，实在抽不出时间。繁忙的时候，我经常半夜才睡，第二天五更就起来，没有一点空闲。求您给我一个月时间，我再也不敢食言了，请您原谅我吧。

苏轼为什么能够这么快地得到高升呢？其实，这个问题一直困惑了苏轼很长的时间，直到有一次，高太后夜召苏轼入宫，在与苏轼的一段对话中道出了其中的缘由。

当时，苏轼正在毕恭毕敬地按照太后的旨意起草诏令，太后突然问他道：“卿前年做的是什么官？”苏轼回答说：“臣为常州团练副使。”太后又问道：“那你如今是什么官？”苏轼回答说：“臣现在是翰林学士。”太后又问：“你知道你为什么升得这么快吗？”苏轼听了，心中一紧张，连忙回答道：“这是太后和皇帝陛下提拔的结果啊。”

没想到高太后听了，却摇了摇头说：“这件事不是老身的主意，也与当今皇帝无关，更不是大臣们推荐，而是先帝的遗诏。宫中的宫女太监们都知道，先帝每次诵读你的文章，都会赞叹说着：奇才！奇才！此人应当得到重任啊。遗憾的是，他还没有来得及重用你，自己就驾鹤仙去了。”

苏轼听了，泪流满面，他终于明白神宗皇帝对自己的一番知遇之恩。太后当着小皇帝的面，语重心长地对苏轼说：“你应当辅佐当今皇上，报答先帝的恩典。”苏轼连忙鞠躬答应。此次会见，太后还送给苏轼一个刻有莲花的金烛台，以示皇恩浩荡。

第三节

京城帝师

(其一)

与可画竹时，见竹不见人。
岂独不见人，嗒然遗其身。
其身与竹化，无穷出清新。
庄周世无有，谁知此凝神。

(其二)

若人今已无，此竹宁复有。
那将春蚓笔，画作风中柳。
君看断崖上，瘦节蛟蛇走。
保时此霜竿，复入江湖手。

(其三)

晁子拙生事，举家闻食粥。

朝来又绝倒，谀墓得霜竹。

可怜先生槃，朝日照苜蓿。

吾诗固云尔，可使食无肉。

（吾旧诗云：可使食无肉，不可居无竹。）

——《书晁补之所藏与可画竹三首》

在京城，苏轼度过了他人生中最风光的一段时光，与少年进士的那一时期相比，有过之而无不及。因为当时苏轼初出茅庐，朋友不多，在京城还显得有些稚嫩生涩；如今却不同，他名满天下，又成为帝王之师，行动起来自然是游刃有余了。

苏轼是个风雅无拘束的文人，一旦生活允许，他的性格中那种洒脱与快意的一面就展现了出来。这段时间，他处处宴饮交友，写了很多的题画诗，留下了很多风流轶事，甚至风靡京城，人人都愿一识苏东坡。

作为北宋文坛当之无愧的领袖，苏轼的声望与日俱增。据说当时苏轼喜欢戴一种高筒短檐的便帽，这一习俗竟然为全国士大夫竞相仿效，人们将它称为“子瞻帽”，并形成一种潮流，还有人写了一副对联讽刺这件事情：

伏其几而袭其裳，岂为孔子；

学其书而戴其帽，未是苏公。

苏轼被称为“宋四家”，其书法在当时自成一家，而当他位极人臣时，他的字就更值钱了。很多人都想尽办法搜集苏轼的亲笔题字，有人甚至到了一种疯狂的境界。殿前副都指挥使姚麟是苏轼的铁杆粉丝，平生最喜欢收集字画。但他是个武人，没有机会与苏轼结交。他通过各种办法打听到自己的朋友韩宗儒有机会出入苏府，而且与苏轼有些笔墨往来，便拜托对方说：“你若是能给我弄到一张苏翰林的墨宝，我送你一腿羊肉。”

韩宗儒既想吃羊肉，又想在朋友面前显示自己的能耐，便立即满口应承下来。但他与苏轼的交情并不算太深，怎么才能得到苏轼的字迹呢？为此，他绞尽脑汁想了一个好办法：他不时地借故给苏轼写信，一旦收到苏轼的回信，就立即拿着信跑到姚麟那儿，两相交换，韩宗儒每次都能换回十几斤羊肉吃。

后来，这个秘密被黄庭坚知道了，黄庭坚半开玩笑地对苏轼说：“当年王右军（即王羲之）通过手书《黄庭经》才换得一群白鹅，如今韩宗儒用您的信函换羊肉吃，真的可以称为‘换羊书’了。”

苏轼听了，顿时大笑不止。

过了不久，碰上了哲宗皇帝的生辰，苏轼在朝廷上忙得不亦乐乎，哪里有时间给韩宗儒写信呢？但是韩宗儒已经连续寄过来好几封书信了，他见苏轼迟迟没有回复，便只好派了一个仆人前来苏府催促，手忙脚乱的苏轼突然想起前些天黄庭坚对自己说的那个秘密，便走出去对韩家仆人说：“告诉你家少爷，本官今天不杀羊。”

时间一长，苏轼的生活中就留下了许多逸闻，他尽情和朋友们戏谑玩耍，用他的开朗乐观影响着身边的人。这样的人格魅力，也成为苏轼风靡京城的原因之一。

据说，苏轼担任礼部尚书兼主考期间，曾经和他的朋友们一起，长时间被封闭起来批改考生们的试卷。这样的日子枯燥而乏味，苏轼就努力创造各种快乐。当别的考官忙着批改卷子的时候，苏轼就在各位考官的房间里踱来踱去，聊天说笑话，让别人根本没有心情批改考生的试卷。到了晚上别人睡觉的时候，苏轼却开夜车迅速批改自己的那一部分试卷。第二天早晨大家起来一看，苏轼的活儿早就干完了。

有一次，苏轼前去拜访宰相吕大防，正好碰上吕大防在睡午觉。听说苏轼来了，吕大防便以惯有的速度慢条斯里地穿衣起床，最后睡眼惺忪地来到客厅。苏轼见他这个样子，有心打趣他，看着窗前瓦盆里养着的一只绿毛龟便说：“吕大人，那瓦盆里养着的是什么龟?”

吕大防不无得意地回答道：“这是我的宝物，是一只罕见的绿毛龟，据说已经有好几百岁了。”苏轼故意走到跟前看了看，却摇摇头说：“这种龟不算稀罕，六眼龟才是乌龟中的稀罕之物呢!”

吕大防从来没有听说过世界上有六眼龟，但他认为苏轼博学多才，一定是从哪本古书上看来的，便睁大眼睛问道：“世上真的有六眼龟吗?”

只见苏轼一本正经地回答道：“唐庄宗时，有一位大臣献上一只六眼龟。庄宗很感兴趣，询问这龟有什么特点，有人编了一首歌谣回答说：‘不要闹，不要闹，听取龟儿口号。六只眼儿睡一觉，抵别人三觉。”

吕大防这才明白，原来苏轼是在编故事嘲笑自己睡眼惺忪的样子呢，宽容忠厚的吕大防顿时哈哈大笑起来。

苏轼好开别人的玩笑，也喜欢别人对自己开玩笑。《曲洧旧闻》曾经记载了这样一个故事，读来让人捧腹：“东坡尝与刘贡父言：‘某与舍弟习制科时，日享三白，食之甚美，不复信世间有八珍也。’贡父问三白。答曰：‘一撮盐，一碟萝卜，一碗饭，乃三白也。’”

刘贡父是与苏轼的同僚兼好朋友，此人素来喜欢开玩笑。有一次，苏轼对他说：“我吃过一样最好吃的东西，就是当年我和我弟弟苏辙在准备科举考试的时候，每天都吃‘三白’，那味道真的好极了，我不相信，这个世界上还有别的山珍海味比这更好吃的了。”

刘贡父一听，自然十分好奇，连忙问：“什么是三白？”苏轼便告诉他，下次请他吃饭，一定用“三白”做菜肴，到时候他就知道了。

过了几天，刘贡父果然来到苏轼府上做客，只见桌上摆着三样东西：一撮盐，一碟生萝卜，一碗白米饭。苏轼神秘地笑着说：“这不就是‘三白’吗？”刘贡父听了，捧腹大笑。

过了些日子，刘贡父回请苏轼，下帖子告诉他说请他通吃“三皛饭”，苏轼心想：这“三皛饭”究竟是什么东西呢？他饶有兴致地来到刘府，只见桌上摆着盐、萝卜、白米饭，这才知道自己中了圈套，只好不动声色地将饭菜吃得干干净净。

几天后，苏轼邀请刘贡父吃“三毛饭”。刘贡父明知苏轼开玩笑，但还是如期而至了。两人在房中谈了很久，刘贡父饿得肚子咕咕叫，苏轼还是不提吃饭的事情，刘贡父忍不住饥饿，问道：“你的‘三毛饭’在哪里，怎么还不拿出来给我尝尝？”只见苏轼笑眯眯地说：“不急不急。”他跟随苏轼来到餐厅一看，桌上什么都没有，苏轼站在一旁笑着解释道：“菜也毛（即没有），饭也毛，盐也毛。这不就是‘三毛饭’吗？来来来，不要客气，快吃吧！”刘贡父这才明白过来，顿时笑得喘不过气来。

不过，京城富丽堂皇的生活并没有磨灭苏轼坚定的意志，他回到朝堂之后依然带领家人过着极为俭朴的生活。此时此刻，苏轼已深深地领悟“人生如梦”的哲理，在他看来，物质的快乐永远比不上那种物我相忘、无待于外的人生至乐。于是，他写了一篇《乐苦说》激励自己：

乐事可慕，苦事可畏，此是未至时心耳。及苦乐既至，以身履之，求畏慕者初不可得。况既过之后，复有何物比之，寻声捕影，系风趁梦，此四者犹有仿佛也。

在他看来，苦与乐是人生的基本内容，但是人们往往贪图快乐，害怕痛苦。苏轼觉得快乐既不值得留恋，痛苦也不值得畏惧，因为真正心思纯净的人对待苦乐是一样的，痛苦即将过去，快乐也不一定长久，人生的功名利禄不过是过眼云烟，没有什么值得留恋的，倒是保持一颗平常心对于当今的人来说比较重要。

苏轼不仅没有在声色犬马中沉沦，而且还劝诫别人不要迷恋红尘中的俗世之乐。有一次，退休宰相韩维的两个女婿来到苏府拜访苏轼。当时韩氏家族非常显赫，苏轼特意问起了韩维的近况，两位女婿说："岳父大人自从退休以后，就十分喜欢饮宴。他觉得自己老了，再也没有什么值得牵挂的事情了，只有在声乐酒色之中快乐地度过余年，才是最快乐的。"

苏轼听了，心中大不以为然，便给两个年轻人讲了一个故事。他说："从前有一位老人，有一天，他突然大宴宾客，并在宴席结束后告诉大家：'我今天就将辞别人世。'儿女们见他果然奄奄一息的样子，都围绕在旁，痛苦不已。老人又睁开眼睛，对众人说：'我只有一句话嘱咐你们，一定要五更起床。'见子孙们不明白，老人又说道：'五更起来，你们还可以做做自己的事情，日出之后，就不可能了。自己的事情死的时候是能够带走的。万贯家财，却是带不走的。"

两个女婿听了，顿时明白了苏轼的用意：声色犬马是带不走的，何不多做一些有意义的事情，让自己死之前不那么遗憾呢？

第四节

急流勇退

江上愁心千叠山，浮空积翠如云烟。山耶云耶远莫知，烟空云散山依然。但见两崖苍苍暗绝谷，中有百道飞来泉。萦林络石隐复见，下赴谷口为奔川。川平山开林麓断，小桥野店依山前。行人稍度乔木外，渔舟一叶江吞天。使君何从得此本，点缀毫末分清妍。不知人间何处有此境，径欲往买二顷田。

君不见武昌樊口幽绝处，东坡先生留五年。春风摇江天漠漠，暮云卷雨山娟娟。丹枫翻鸦伴水宿，长松落雪惊醉眠。桃花流水在人世，武陵岂必皆神仙。江山清空我尘土，虽有去路寻无缘。还君此画三叹息，山中故人应有招我归来篇。

——《书王定国所藏烟江叠嶂图》

这是苏轼为王诜写的一首题画诗，王诜曾经在“乌台诗案”中受到苏轼的牵连而被贬官。如今朝代更替，两人相聚在京都，心情和境地都发生了很大的改变。但苏轼归隐的想法，随着时局的变化又逐渐萌生起来，所以他在诗中写道：“不知人间何处有此境，径欲往买二顷田”，并期待着“山中故人应有招我归来篇”。

苏轼之所以在诗中这样说，实在是因为有难言的苦衷。三年来，尽管在外人看来，苏轼享有人人羡慕的盛名高位，但他也将自己卷入了激烈的政治斗争中，弄得遍体鳞伤，无法自拔。

司马光上台之后，所做的最主要的事情，就是排除阻力，罢废新法，让一切回到熙宁以前的原样。为了打破朝廷新旧两派的人事力量对比，司马光提拔了大量反对变法的旧大臣。

王安石变法中的保甲、方田、市易、保马等法，由于在实施中产生了较为严重的负面影响，所以很快就被司马光废除了，众人也没有太大的争议和反对。但当司马光要废除免役法时，朝廷内部却掀起了一场轩然大波，几乎将各种政治立场的人物都卷了进去。

对于免役法，苏轼曾经是最激烈的反对者之一，但是，多年在地方为官的经历使他发现，免役法虽有不足之处，却可以断绝官吏们贪污勒索的机会，还是有其可取之处的。所以，这一次苏轼的态度来了一个 180 度的大转弯，从免役法的反对者变成了拥护者之一。

因此，等苏轼被召回朝后第一次与司马光见面时，他就将自己的看法和盘托出，希望司马光综合考虑，一切以老百姓的利益为主，慎重对待免役法的存废问题。

然而，司马光几乎是一个个性与王安石同样执拗的人，由于他对新法的成见太深，根本听不进任何不同的意见，这让苏轼十分失望。这次见面，两人不欢而散。

尽管反对的声音高涨，但司马光还是于元祐元年正月连续进呈了两道《乞罢免役钱依旧差役札子》。这两道奏折漏洞百出，自相矛盾。后来，尽管免役法在司马光的坚持下彻底废除，但苏轼却在第一时间发表《论给田募役状》，公然唱起了反调。两人又为这件事而吵闹不休。

苏轼的坚持己见，同样也引来了一帮支持司马光观点的大臣们的不满和忌恨。庆幸的是，司马光也与王安石一样，为人忠厚，心胸宽广，从不会因为政见不同而在皇帝面前说苏轼的坏话，所以苏轼还是在朝中度过了一段平静的时光，但随着司马光的去世，苏轼的太平日子走到头了。

即将到来的，是一场“洛蜀党争”。

司马光去世以后，朝廷中的旧党阵营开始分化，最终形成了三个不同的学术兼政治派别。一派以来自河南洛阳的程颐为主，朱光庭、贾易为辅，被人称为“洛党”；一派以四川人苏轼为首，被人称为“蜀党”；还有一派以来自河朔地区的刘挚、刘安世为主，被人称为“朔党”。三派之间，矛盾重重。

而苏轼，却用一句嘲笑讽刺之语拉开了洛蜀两党之间的争斗。

事情发生在司马光葬礼上。当时，哲宗皇帝正领着百官在南郊举行明堂祀典，将神宗的灵位安放进去。这个仪式一结束，大家就赶往宰相府祭拜司马光，没想到程颐拦住大家说："《论语》曰：'子于是日哭，则不歌。'我们刚刚在明堂行过吉礼，又怎么可以再去行丧礼？这与古代的礼法不合呀。"

有人反对道："孔子虽说哭则不歌，但没有说歌则不哭呀。"

程颐听了，觉得大扫面子，不禁提高声音大声争辩着。苏轼看不下去，觉得此人实在是太过迂腐，便上前挖苦道："此乃鏖糟陂里叔孙通所制礼也。"

叔孙通是秦汉时的儒生，曾经为西汉制定了一整套的礼仪制度。"鏖糟陂里"又是什么意思呢？它是位于京城郊外的一处沼泽地，"鏖糟陂里叔孙通"意思是指脏乱之地而来的冒牌叔孙通。这等于嘲笑程颐是个冒牌的、没有见过世面的老学究。这种入木三分的比喻立刻取得了很好的效果，百官哄堂大笑。程颐恼羞成怒，其门下的洛学弟子更是气红了脸。就这样，苏轼与程颐因为一句玩笑话从此结下了仇怨。

很快，洛党就抓住了苏轼的把柄，开始对他大肆攻击。

元祐元年十一月，当苏轼首次主持进士候选馆职的考试时，他在试题中说："今朝廷欲师仁祖（宋仁宗）之忠厚，而患百官有司不举其职，或至于偷；欲法神考（宋神宗）之励精，而恐监司守令不识其意，流入于刻。"

这是苏轼对于朝政的基本态度。在他看来，现在既不能像仁宗时期那么松懈怠慢，也不能像神宗时期那样过于紧张，应当进行调和折中。

洛党的人立刻抓住了其中的几句话，断章取义地攻击苏轼“谤讪朝廷”。

对此，苏轼当然不服，他在《辩试馆职策问札子二首》中为自己辩护道：“臣之所谓‘偷’与‘刻’者。专指今之百官有司及监司守令不能奉行，恐致此病，于二帝何与焉？至于前论周公、太公，后论文帝、宣帝，皆是为文引证之常，亦无比拟二帝之意。”

意思是，我这些话跟两位皇帝根本没有关系，只是打个比方，用来指责有关职能部门而已，怎么又牵涉到皇帝身上去了呢？

尽管高太后知人善任，没有因此而责怪苏轼，但洛党为了替他们的老师报仇，对苏轼的攻击是不会因此而停止的。这个时候，突然传来一个谣言说朝廷认为朱光庭所言非是，要将他罢官。这样一来，责难苏轼的罪过的其他官员也都按捺不住，纷纷加入了对苏轼的攻击中。一时间，苏轼深陷种种诋毁之中。

不过，此时此刻的苏轼心中非常平静，他知道这些攻击他的人要的是什么。你们不是希望我早点下台，将眼下这高官厚禄送给你们吗？那好，我成全你们的心愿吧，从黄州开始，功名利禄对我来说早就如同浮云了。

于是，苏轼连上四道奏折，请求外任，但没有得到朝廷的许可。

苏轼无奈，只好暂且在京城待着，通过各种各样的方式排遣心中的郁闷，努力使自己不要再卷入到各种纠纷中去。有一天，苏轼下朝归来在院子中散步，看到朝云带着侍女们正在收拾曝晒了一天的书籍。苏轼拍着肚子问她们道："你们说，这里都装的是什么?"

一个婢女羞怯地回答说："都是文章。"见苏轼摇了摇头，另一个婢女又添上了一句："是满腹经纶。"

苏轼又摇了摇头。最后还是朝云一语中的，她说："依我看，学士一肚皮都是不合时宜。"

因为这一肚子的不合时宜，苏轼更加坚定了离朝远去的决心，为了提醒自己不要留恋此刻的高官厚禄，苏轼写了两首《如梦令》给自己：

为向东坡传语，人在玉堂深处。别后有谁来，雪压小桥无路。归去，归去。江上一犁春雨。

——《如梦令·有寄》

手种堂前桃李，无限绿阴青子。帘外百舌儿，惊起五更春睡。居士，居士。莫忘小桥流水。

——《如梦令·春思》

在苏轼的一再坚持下，朝廷于元祐四年（1089年）终于批准他的请求，允许他以龙图阁学士的身份出任浙西路兵马钤辖兼杭州知州。

第十章 天涯海角的最后归途

“回首向来萧瑟处，归去，也无风雨也无晴。”走到天涯海角，终是明白，胜败两忘，有情无情，都付笑谈中。

第一节
不辞长作岭南人

罗浮山下四时春，卢橘杨梅次第新。
日啖荔枝三百颗，不辞长作岭南人。
——《惠州一绝》

从黄州到岭南，时间变了，地点变了，年龄变了，连身边跟随的人都变了。唯一不变的，是苏轼那颗宠辱不惊、乐观旷达的心。所以，当别人为这贬谪生活大发牢骚的时候，东坡居士却一脸开心地说："日啖荔枝三百颗，不辞长作岭南人。"

元祐九年（1094年），风云突变。亲政后的哲宗皇帝改年号为"绍圣"，希望能够继承神宗朝的施政方针。变法反对派的大臣纷纷罢职，哲宗起用新党，朝政由章惇、安焘等人把持，他们抛弃王安石的变法政策，以“元祐党人”为打击目标。很快，当时在朝任职的三十多位高级官员全部被贬谪到了岭南，苏轼就是其中之一。

从绍圣元年（1094年）闰四月开始到同年六月，苏轼接连收到了四道贬谪的朝廷旨意：

第一道旨意下达的时候，苏轼还在定州担任河北西路安抚使兼马步军都总管、定州知州。诏令的内容是这样的：取消苏轼端明殿学士、翰林侍读学士的称号，撤销定州知州的职务，以左朝奉郎的身份任英州（今广东英德）知州，正六品上。

第二道旨意下达的时候，苏轼正准备启程从河北赶往广东。诏令的内容是：苏轼以左承议郎的身份担任英州知州，正六品下。

当苏轼行走在前往广东的路途中时，第三道诏令下来了，内容非常简短：“诏苏轼合叙复日不得与叙。”意思就是苏轼也就担任英州的知州，但是从此以后再也没有了升迁的机会。

当苏轼走到安徽当涂境内时，苏轼接到了朝廷发布的第四道诏令：撤销苏轼左承议郎的身份，由英州知州降为宁远军（治所在今广西容县）节度副使，惠州（治所在今广东惠阳东）安置，不得签署公事。

面对这一贬再贬的现实，苏轼什么也没有说，笑了笑便收拾着行囊踏上了路程。人生真是一场梦境，转眼间，他仿佛又回到了贬谪黄州的那段日子里，孤独寂寞，苦闷难言。

不过这一次，苏轼做出了一个决定，他不愿意让全家人跟随自己奔波，而是让儿子苏迨带着家眷去宜兴投奔苏迈，自己只带着侍妾朝云和儿子苏过继续南下广东。一家人经过六个月的奔波、历经千辛万苦，终于抵达惠州。在这里，他度过了三年的时光。

在很多北方人的眼中，岭南是一个可怕的地方，这里属于蛮貊之邦，瘴疠之地，气候条件十分恶劣，生活条件极为艰苦，稍有不慎，便会病死在这里。苏轼虽然久经磨难，但是突然来到这么一个陌生的地方，他的心中不免充满了恐惧和担忧。但是当他真正到达惠州的时候，苏轼眼中的岭南却是另外一个样子：

到处聚观香案吏，此邦宜著玉堂仙。
江云漠漠桂花湿，海雨翛翛荔子然。
闻道黄柑常抵鹊，不容朱橘更论钱。
恰从神武来弘景，便向罗浮觅稚川

——《舟行至清远县，见顾秀才，极谈惠州风物之美》

仿佛曾游岂梦中，欣然鸡犬识新丰。
吏民惊怪坐何事，父老相携迎此翁。
苏武岂知还漠北，管宁自欲老辽东。
岭南万户皆春色，会有幽人客寓公。

——《十月二日初到惠州》

到了惠州之后，名满天下的苏轼受到了当地官吏和百姓的热烈欢迎。他们的热情，让苏轼立刻产生了一种回到家乡的感觉。他心想，这个地方其实也不错，没有传说中那么可怕，看来清远县的顾秀才所言不虚呀。

他再也没有那种抑郁不快之感，而是畅游山水，颇富闲情逸致。在惠州城的东北边，东江和西枝江的合流处有一座合江楼，苏轼在这里住了一年多的时间。他常常站在楼上，极目远眺，只见青山隐隐、云水遥遥，果真是一派江上盛景。于是，他写下了《寓居合江楼》的诗句：

海山葱昽气佳哉，二江合处朱楼开。蓬莱方丈应不远，肯为苏子浮江来。江风初凉睡正美，楼上啼鸦呼我起。我今身世两相违，西流白日东流水。楼中老人日清新，天上岂有痴仙人。三山咫尺不归去，一杯付与罗浮春。

山水出自苏东坡的笔下，平常的风景也有了超然的意境。正是因为苏轼不仅能看透人生的底蕴，还能从佛、道的思想根基中汲取营养，他常常焚香静坐，在日常生活中慢慢领会人生的哲理。

很快，苏轼就在惠州的松风亭找到了体悟人生哲理的瞬间。这一天，苏轼刚爬到半山腰，就觉得腿脚酸软，全身无力。望着山顶重峦叠嶂的风景，他心中发愁：什么时候我才能爬到顶端呢？他歇了一口气，正准备打起精神往上爬时，突然转念一想：为什么我一定要爬到山顶呢？就这样半路回去，难道不好吗？于是，他毅然转身，开始下山。

一边走，苏轼一边开始了对人生哲理的思考：是啊，人们常常习惯于画地为牢，总是用惯有的思维约束自己，让人身得不到自由。如果换一个角度，改变一个想法，不就可以从这些束缚中走出来了吗？既然如此，我为什么一定要将眉山或者常州当成终老此生的场所呢？我为什么不能将惠州当成我的故乡呢？这样一来，我在花甲的年纪能够生活在故乡，这岂不是一件十分美满的事吗？想到这里，苏轼顿时心情大好，觉得眼前豁然开朗。

后来，苏轼便将此次游山的感悟写成了一篇散文——《记游松风亭》：

余尝寓居惠州嘉佑寺，纵步松风亭下。足力疲乏，思欲就亭止息。望亭宇尚在木末，意谓是如何得到？良久，忽曰："此间有甚么歇不得处？"由是如挂钩之鱼，忽得解脱。若人悟此，虽兵阵相接，鼓声如雷霆，进则死敌，退则死法，当恁么时也不妨熟歇。

苏轼还将这种超然乐观的精神带入到日常生活中。当他在惠州尝到当地的美酒——桂酒时，苏轼便在写给朋友的信中一再称赞这种酒的好处，他还写了至少五六篇酒赋，叙述自己在岭南喝酒的快乐。

此外，苏轼在惠州发明了一种烤羊脊，他把这件事写信告诉了弟弟子由：

惠州市肆寥落，然日杀一羊。不敢与在官者争买，时嘱屠者，买其脊骨。骨间亦有微肉，煮熟热酒渡，随意用酒薄点盐炙，微焦食之，终日摘剔牙綮，如蟹螯逸味。率三五日一铺。吾子由三年堂危，所饱刍豢灭齿而不得骨，岂复知此味乎？此虽戏语，极可施用。但为众狗待哺者不悦耳。

事实上，所谓“烤羊脊”，只不过是因为苏轼没有钱买大鱼大肉吃，只好买了些粘着肉的羊骨头烤着吃，以此来解馋。但苏轼却偏偏说它“如蟹螯逸味”，这种苦中作乐的精神，实在让人不得不佩服。即使到了这种境地，苏轼依然不忘幽默地对弟弟说，这种烤羊脊虽然好吃解馋，但是如果被狗知道了，恐怕它们就要不高兴了。

第二节

朝云相伴彩霞飞

玉骨那愁瘴雾，冰姿自有仙风。海仙时遣探芳丛，倒挂绿毛么凤。

素面翻嫌粉涴，洗妆不褪唇红。高情已逐晓云空，不与梨花同梦。

——《西江月·梅花》

林语堂说，苏东坡在惠州的故事总是与朝云有关的。这首写于绍圣三年（1096 年）的词，就是为王朝云所作的。

王朝云，字子霞，杭州人，因家贫自幼沦落歌舞班中，天生丽质，能歌善舞。熙宁四年（1071 年），苏轼在杭州为通判时结识王朝云，为其清丽的姿色和高超的舞技所折服。在征得夫人王闰之的同意后，王朝云嫁给苏轼为妾。苏轼对她宠爱备至。

苏轼人生坎坷，为官历经密州、徐州、湖州，颠沛流离，但王朝云始终不离不弃。苏轼被贬黄州时，王朝云与王闰之一起，伴随着苏轼度过了一段最艰难的时光。后来王朝云为苏轼生下一个儿子，两人的感情日益深厚。

当苏轼再次被贬谪岭南时，他的夫人王闰之已经去世，苏轼遣散了所有的侍儿姬妾，身边只有王朝云生死相随。她不辞辛苦，追随苏轼长途跋涉来到惠州，在这蛮荒之地和苏轼过着亲密的小日子。

此时，苏轼已经年近花甲，王朝云只有31岁。

在苏轼的眼中，王朝云就是从天而降的仙女，他常常用“天女维摩”来比喻她：

白发苍颜，正是维摩境界。空方丈、散花何碍。朱唇箸点，更髻鬟生彩。这些个，千生万生只在。

好事心肠，著人情态。闲窗下、敛云凝黛。明朝端午，待学纫兰为佩。寻一首好诗，要书裙带。

——《殢人娇·赠朝云》

“天女维摩”是《维摩经》里的人物，只要有人讨论佛法，天女维摩就会将花瓣撒在他们的身上。如果是道行圆满的人，花瓣撒在身上，便会纷纷滑落；如果花瓣粘在衣服上，就说明此人修行还不够。为了消解贬谪生活的苦闷，王朝云常常与苏轼攻读佛经，参透佛理，夫妻志趣相投，难怪苏轼要用佛经中的人物来形容自己的爱妾了。

苏轼写了一首《蝶恋花·花褪残红青杏小》。有一天，正是秋风时节，苏轼闲坐无趣，见窗外落木萧萧，秋意绵绵，心中顿起伤感之意。为了排遣寂寞，他特意唤来朝云，命她将这首《蝶恋花》唱给自己听。王朝云轻展歌喉，慢慢地唱了起来，刚唱了几句，苏轼便见她眼中含泪，怏怏不乐，便询问其中的原因。王朝云含着眼泪说："奴所不能歌者，唯'枝上柳绵吹又少，天涯何处无芳草'二句。"从这时候起，王朝云常常若有所思，经常念叨这两句诗，仔细体会诗中的深意，常常落下伤痛的眼泪，直到她卧病在床，依旧不忘念叨这两句诗歌。

有一天，苏轼正在读《白乐天集》，突然想到了白居易晚年"放伎卖马"的一段故事：那是白居易年近七旬的时候，他决定遣散家奴，卖掉宝马，众人纷纷离去，只有爱妾樊素依依不舍，宝马良驹也回过头来，对着他阵阵低鸣，仿佛舍不得这个旧主人。白居易甚为感动，于是将樊素与宝马一齐留下，还写了一篇《不能忘情吟》以示纪念。不过，樊素最终还是离开了又老又病的白居易，从此远走高飞了。

读到这里，苏轼想起朝云的生死相随，忠贞不渝，感慨之下，写了一首《朝云诗》送给自己的爱妾：

不似杨枝别乐天，恰如通德伴伶玄。

阿奴络秀不同老，天女维摩总解禅。

经卷药炉新活计，舞衫歌扇旧因缘。

丹成逐我三山去，不作巫阳云雨仙。

王朝云在惠州还为苏轼生下一个儿子，取名为苏遁。但是因为产后失调，朝云的身体日益虚弱，甚至卧床不起。为了消除病体上的疼痛，王朝云皈依佛门，拜比丘尼义冲为师。她每天跪在佛前，诵经祈祷，但总是没有效果。

在她生病之时，苏轼还写了一首词——《三部乐·情景》，以此安慰病中的朝云：

美人如月，乍见掩暮云，更增妍绝。算应无恨，安用阴晴圆缺。娇甚空只成愁，待下床又懒，未语先咽。数日不来，落尽一庭红叶。

今朝置酒强起，问为谁减动，一分香雪。何事散花却病，维摩无疾。却低眉、惨然不答，唱《金缕》、一声怨切。堪折便折。且惜取、少年花发。

此后不久，朝云带着对苏轼的牵挂与不舍离开了人间，年仅34岁。

临终前，王朝云握着苏轼的手，语重心长地说：“世上的万事万物都是命中注定的，人生就像一场梦幻，又像露水和闪电，转瞬即逝，对于生命中的喜怒哀乐，我希望你不要太在意。”

朝云死后，苏东坡将她葬在惠州西湖孤山脚下的松林之中。这个出生于杭州的聪慧女子，最终在岭南终老。苏轼在墓上修建了一座六如亭，用以纪念这个爱妾。此外，苏轼还亲手为朝云书写了墓志铭：

东坡先生侍妾曰朝云，字子霞，姓王氏，钱塘人。敏而好义，事先生二十有三年，忠敬若一。绍圣三年七月壬辰卒于惠州，年三十四。八月庚申，葬之丰湖之上，栖禅山寺之东南。生子遁，未期而夭。盖常从比丘尼学佛法，亦粗识大意。且死，诵《金刚经》四句偈以绝。铭曰：浮屠是瞻，伽蓝是依，如汝宿心，惟佛止归。

朝云走了，苏轼写了大量的诗词纪念她，其中较为深情的有《悼朝云》：

苗而不秀岂其天，不使童乌与我玄。
驻景恨无千岁药，赠行惟有小乘禅。
伤心一念偿前债，弹指三生断后缘。
归卧竹根无远近，夜灯勤礼塔中仙。

第三节

走向天涯海角

参横斗转欲三更，苦雨终风也解晴。
云散月明谁点缀？天容海色本澄清。
空余鲁叟乘桴意，粗识轩辕奏乐声。
九死南荒吾不恨，兹游奇绝冠平生。

——《六月二十日夜渡海》

他终于要去往那个天涯海角的地方了。

祸起诗文。

绍圣四年（1097年），也就是苏轼贬谪惠州的第三个年头，苏轼62岁。这一天，苏轼因为想起自己贬谪惠州的经历，心中有些抑郁不平，便写了一首题为《纵笔》的自嘲诗。诗中有这样两句话：“报道先生春睡美，道人轻打五更钟。”这两句诗传到京城，宰相章惇气得要死，大声骂道：“苏子瞻尚尔快活！”于是，他们重议苏轼的“罪过”，很快就决定了苏轼贬谪海南的命运。

此时此刻，苏轼几乎是孑然一身地前往海南了。于是，他抱着“生还无期”的心情来到了海南，途中写了一首诗给弟弟苏辙：

九疑联绵属衡湘，苍梧独在天一方。孤城吹角烟树里，落月未落江苍茫。

幽人拊枕坐叹息，我行忽至舜所藏。江边父老能说子，白须 红颊如君长。

莫嫌琼雷隔云海，圣恩尚许遥相望。平生学道真实意，岂与穷达俱存亡。

天其以我为箕子，要使此意留要荒。他年谁作舆地志，海南万里真吾乡。

——《吾谪海南，子由雷州，被命即行，了不相知。至梧乃闻其尚在藤也。且夕当追及，作此诗示之》

从最后两句可以看出，苏轼已经将海南当成了自己最后的归宿。此外，他还在写给朋友王敏仲的信中这样说：“某垂老投荒，无复生之望，昨与长子迈决，已处置后事矣。今到海南，首当作棺，次当作墓。乃留手疏与诸子，死则葬海外。”他连自己的身后之事都设想好了。

海南当时虽在宋朝的统治之下，但远离中原文明，对于此行，苏轼充满了生死未卜、前途渺茫的孤寂感。

让他又喜又忧的是，弟弟子由也被贬官雷州，兄弟二人只隔着一道狭窄的琼州海峡。能在这天涯海角见上亲人一面，就算死在海南，也算瞑目了。

苏轼刚到海南的时候，与当地居民语言不通，交流非常困难。他十分想以中原的文化影响当地的居民。于是，苏轼在讲学的过程中开始使用四川官话，同时还带动当地的塾师用四川官话讲学。这样一来，四川官话也就成了海南当地的普通话，这一门语言的掌握竟然为当地培养了不少读书人。

苏轼在海南所做的最大贡献，就是在儋州开辟学府，自编讲义，教书育人，培养出一大批饱学之士。他的弟子有海南历史上第一个中举者姜唐佐。在姜唐佐之后，陆续又有海南子弟考中科举。整个宋朝，海南一共出了 12 位进士，这与苏轼在当地进行文化教育，传播中原文明的努力是分不开的。

苏轼到了海南之后，依旧没有停止他的诗文创作。海南岛独特的风土人情反而给他的诗文增添了异样的风采。这一天，他想起自己身在岛上，就仿佛一只蚂蚁漂浮在一片草叶之上，不知自己将要去何方。于是，他将这种想法写了出来，便形成了一篇饶有兴致的小散文——《试笔自书》：

吾始至南海，环视天水无际，凄然伤之曰："何时得出此岛耶?"已而思之：天地在积水之中，九州在大瀛海中，中国在四海中之中，有生孰不在岛者？覆盆水于地，芥浮于水，蚁附于芥，茫然不知所济，少焉水涸。蚁即径去，见其类，出涕曰：

"几不复与子相见。"岂知俯仰之间，有方轨八达之路呼？念此可以一笑。戊寅九月十二日，与客饮薄酒小醉，信笔书此纸。

苏轼最擅长的是苦中作乐。到海南以后，他从没有忘却自己的兴趣与爱好，闲暇时提笔写诗绘画，或与友人等下观棋，或邀二三好友出门寻访名胜古迹，这些都构成了苏轼生活中的精彩片段。这种精彩还时时体现在他的诗歌之中，如《观棋》：

五老峰前，白鹤遗址。长松荫庭，风日清美。我时独游，不逢一士。谁欤棋者，户外屦二。不闻人声，时闻落子。纹枰坐对，谁究此味。空钩意钓，岂在鲂鲤。小儿近道，剥啄信指。胜固欣然，败亦可喜。优哉游哉，聊复尔耳。

在《和陶桃花源》一诗中，苏轼这样表达自己的志趣：

凡圣无异居，清浊共此世。心闲偶自见，念起忽已逝。欲知真一处，要使六用废。桃源信不远，杖藜可小憩。躬耕任地力，绝学抱天艺。臂鸡有时鸣，尻驾无可税。苓龟亦晨吸，杞狗或夜吠。耘樵得甘芳，龁啮谢炮制。子骥虽形隔，渊明已心诣。高山不难越，浅水何足厉。不如我仇池，高举复几岁。从来一生死，近又等痴慧。蒲涧安期境，罗浮稚川界。梦往从之游，神交发吾蔽。桃花满庭下，流水在户外。却笑逃秦人，有畏非真契。

在苏轼看来，陶渊明笔下的桃花源虽然令人神往，但它可遇而不可求，显得太过遥远。苏轼的桃花源却是建立在现实的基础之上的，是那种大彻大悟的精神境界。只要拥有了这种精神境界，不管身处哪里，处处皆可变成桃花源。

因为有了这样的心境，苏轼在儋州的晚年过得十分快乐。有一次，他喝醉了酒，晕晕乎乎地居然找不到自己家了。无奈之下，只好沿着牛粪便慢慢地走回家，但一路走去，依旧是懵懵懂懂的，幸好有几个调皮的小孩子，吹着自制的哨子将这个老头子送回了家。酒醒后，苏轼这样写道：

总角黎家三四童，口吹葱叶送迎翁。
莫作天涯万里意，溪边自有舞雩风。

苏轼在海南谪居的三年时间里，当他最终得到朝廷归还诏令的时候，他竟然舍不得离开这个贬谪之地了。他写了一篇情深意长的《别海南黎民表》，与当地的父老乡亲作别：

我本海南民，寄生西蜀州。忽然跨海去，譬如事远游。平生生死梦，三者无劣优。知君不再见，欲去且少留。

第四节

在寂静中安眠

心似已灰之木，身如不系之舟。问汝平生功业，黄州惠州儋州。

——《自题金山画像》

这首诗写于苏轼离开海南一年后重游镇江金山寺时。此时此刻，苏轼以自嘲的口吻，回忆自己贬谪的一生，最终只留下六个字：黄州惠州儋州。

的确如此，对于苏轼来说，所谓功业，只是一连串贬谪的生活；所谓人生，到最后只剩下一个“心似已灰之木，身如不系之舟”的花甲老人。联想到自己坎坷的一生，苏轼百感交集，但字里行间丝毫不减豪放旷达的情境。

元符三年（1100年）六月二十日，苏轼在这个被称为天涯海角的地方生活了三年之后，终于接到朝廷大赦天下的诏令，得以重返中原。他写了一首《儋耳》。这首诗最能表达苏轼此时的心情：

霹雳收威暮雨开，独凭栏槛倚崔嵬。
垂天雌霓云端下，快意雄风海上来。
野老已歌丰岁语，除书欲放逐臣回。
残年饱饭东坡老，一壑能专万事灰。

一句“快意雄风”，就将苏轼心中的轻快、兴奋写了出来。

此时哲宗皇帝已死，大赦天下，那些被贬的元祐老臣纷纷从贬谪之地返回中原。苏轼离开海南之后，先后到过廉州、广州、英州、金陵等地。此时此刻，朝廷对他的诏令也如他当初贬谪海南时一样一日多变，到最后，苏轼所收到的诏令是：复苏轼为朝奉郎，提举成都府玉局观，外军州任便居住。

也就是说，此时的苏轼不仅获得了一份七品的俸禄，而且可以随便选择地点居住了。对此他感到由衷的兴奋，他最终做出了归老常州的选择。很快，苏轼就将回到他最心爱的江南了。

在此之前，朝廷中曾有留言传出，有人认为，既然章惇等人已经被驱逐出朝廷，那么苏氏兄弟一定会受到朝廷的重用，他们重新踏上仕途的日子不远了。

对于这种流言，苏轼心知肚明，对于更加亲近新党的宋徽宗来说，兄弟二人要想返回朝廷，重新踏上仕途几乎是不可能的了。何况，这么多年风雨沉浮走过来，无论是心理上还是身体上，苏轼都没有力气再一次卷入政治漩涡，将自己再度弄得筋疲力尽了。

考虑再三，苏轼放弃了前往颍州与弟弟苏辙老有所依的生活，而是决计回归常州。他曾经给苏辙写过一封信，交代自己改变主意的原因：

兄在真州，与一家亦健。行计南北，凡几变矣。遭值如此，可叹可笑。兄近已决计从弟之言，同居颍昌，行有日矣。适值程德孺过金山，往会之，并一二亲故皆在坐。颇闻北方事，有决不可往颍昌近地居者。事皆可信，人所报，大抵相忌安排攻击者众，北行渐近，决不静尔。今已决计居常州，借得一孙家宅，极佳。浙人相喜，决不失所也。更留真十数日，便渡江往常。逾年行役，且此休息。恨不得老境兄弟相聚，此天也，吾其如天何！然亦不知天果于兄弟终不相聚乎？

——《与子由二首（之一）》

建中靖国元年（1101 年）六月，当苏轼终于返回魂牵梦萦的常州城时，他已经身患重病，卧床不起了。一开始，苏轼认为是一路颠簸的缘故，但休息了很长一段时间之后，他的身体依旧没有恢复，苏轼已经预感到他的大限就快到来了。

他在写给米芾的信中介绍自己的病情说：“两日来，疾有增无减。虽迁闸外，风气稍清，但虚乏不能食，口殆不能言也。”

有一天，苏轼的朋友钱世雄来看望他，苏轼躺在床上，无法坐起来。他气喘吁吁地对钱世雄说：“我很高兴我能从南方回来。但是最让我难受的是我没有在归途中见到子由。自从雷州一别，我就再也没有见到他了。”接着，他又对钱世雄说道：“我在海南写成了《论语》《尚书》《周易》三书的注解，你替我保管吧，暂时不要给别人看。我想它们三十年后一定会大受欢迎的。”

为《周易》作注，是苏轼的父亲苏洵临终前交给他的任务，苏轼从海南回来之后，终于完成了父亲的遗愿，他感到特别欣慰。

苏轼说完这些话，就想从床上爬起来开箱，但是找不到钥匙，钱世雄只好安慰他说：“你会好起来的，先不要忙着交代这些事情。”

此后，钱世雄常常来看望苏轼，但苏轼的病情愈加严重。他预感到自己将不久于人世，便强支病体起来写信给苏辙，并在信中交代了后事：“即死，葬我肯山下，子为我铭。”

七月十五日这天，苏轼的病情突然极度恶化，不仅突发高烧，而且牙床出血，全身软弱无力，他在《与钱济明书》这样叙述自己的病情：

某一夜发热不可言，齿间出血如蚯蚓者无数，迨晓乃止，困惫之甚。细察病状，专是热毒根源不浅，当用清凉药，已令用人参、茯苓、麦门冬三味煮浓汁，渴即少啜之，余药皆罢也。庄生闻在宥天下，未闻治天下也，三物可谓在宥矣，此而不愈则天也，非吾过也。

到了七月十八日那天，苏轼终于将三个儿子叫到床前吩咐道："我一生没有做过坏事，我不会下地狱。我心中也毫无畏惧，你们不要为我哭泣。"

面对死亡，苏轼无惧无悔，因为当他回顾自己的一生时，他发现自己光明磊落，一生清白。多年前，他就对生命有过透彻的理解，对大自然的一切有过深刻的领悟。当死亡真正来临的时候，他的豁达、超然早已融解了他对死亡的恐惧。

七月二十八日，苏轼进入了弥留之际，当家人拿着棉花在他的鼻尖试探气息时，维琳方丈在他的耳边大声地喊道："端明宜勿忘西方！"

意思是说，不要忘了西方极乐世界。只见苏轼喃喃地回答说："西方不无，但个里着力不得。"意思是西方极乐世界有没有我不知道，但是只怕我没有力气到那里去了。这时候，钱世雄也凑在他的耳朵边说："固先生平生履践至此，更须着力。"意思是说您平时不是吃斋念佛吗？您赶紧努努力，赶快去西方极乐世界吧。苏轼回答说："着力即差。"意思是这事一旦用了劲儿，就不是那么回事了。

的确如此，苏轼一生顺其自然，哪怕是面对死亡，他也是那样地淡定。

回答完这几个问题之后，苏轼静静地躺在床上，溘然长逝。这一天正是宋徽宗建中靖国元年（1101 年）七月二十八日。一代文豪苏东坡终于走完了他 65 年的人生旅途，终老于常州城内顾塘桥畔孙氏馆。

临终 3 天前，苏轼曾经写了一首诗给友人朱行中，这首诗最终成为苏轼一生的绝笔：

舜不作六器，谁知贵玙璠。哀哉楚狂士，抱璞号空山。相如起睨柱，头璧相与还。何如郑子产，有礼国自闲。虽微韩宣子，鄙夫亦辞环。至今不贪宝，凛然照尘寰。

哪怕是在临死之前，苏轼也在表白自己的志向：宠辱不惊，一生浩然。

苏轼去世后，弟弟苏辙遵照其遗愿，亲自为他书写了墓志铭，其文后的诗句，可以作为此书的结语：

苏自栾城，西宅于眉。世有潜德，而人莫知。猗欤先君，名施四方。公幼师焉，其学以光。出而从君，道直言忠。行险如夷，不谋其躬。英祖擢之，神考试之。亦既知矣，而未克施。

晚侍哲皇，进以诗书。谁实间之，一斥而疏。公心如玉，焚而不灰。不变生死，孰为去来。古有微言，众说所蒙。手发其枢，恃此以终。心之所涵，遇物则见。声融金石，光溢云汉。耳目同是，举世毕知。欲造其渊，或眩以疑。绝学不继，如已断弦。百世之后，岂其无贤。我初从公，赖以有知。抚我则兄，诲我则师。皆迁于南，而不同归。天实为之，莫知我哀。